快速读懂民法典

总则编

民法典的前世今生

钟兰安　主编

中国民主法制出版社

图书在版编目（CIP）数据

快速读懂民法典．总则编——民法典的前世今生 /
钟兰安主编 . -- 北京 : 中国民主法制出版社 , 2021.4
ISBN 978-7-5162-2195-2

Ⅰ . ①快… Ⅱ . ①钟… Ⅲ . ①民法—法典—中国—学
习参考资料 Ⅳ . ① D923.04

中国版本图书馆 CIP 数据核字（2021）第 044181 号

图书出品人 : 刘海涛
出版统筹 : 乔先彪
责任编辑 : 陈　曦　谢瑾勋

书　　名 / 快速读懂民法典·总则编——民法典的前世今生
作　　者 / 钟兰安　主编
插　　画 / 图图话话艺术教育·蛋糕老师

出版·发行 / 中国民主法制出版社
地址 / 北京市丰台区右安门外玉林里 7 号（100069）
电话 /（010）63055259（总编室）　63058068　63057714（营销中心）
传真 /（010）63055259
http ://www.npcpub.com
E-mail : mzfz@npcpub.com
经销 / 新华书店
开本 / 16 开　　640 毫米 × 920 毫米
印张 / 12　　**字数** / 79 千字
版本 / 2021 年 4 月第 1 版　　2021 年 4 月第 1 次印刷
印刷 / 唐山才智印刷有限公司

书号 / ISBN 978-7-5162-2195-2
定价 / 39.80 元
出版声明 / 版权所有，侵权必究。

我叫王小强，自认是个达观的乐天派，虽不说事业有成，但也小有成绩，唯一的爱好就是研究法律，只因吃过不懂法的亏，也尝过以法律保护自己和身边朋友权益的成就感。

我所遇到过的纠纷，可能是你，也可能是他／她正在经历的纠纷，博学多思、古道热肠的我今天化身"普法男神"，让你远离法律盲区，为你保驾护航，让法律能够成为每一个人的合法武器！

总 则 编

　　《中华人民共和国民法典》（以下简称《民法典》）贯穿人的一生，出生、成长、成家、死亡，买卖、就业、居住、维权，所有的民事活动都做到了有法可依。严谨的法律法规，却不失温情，这就是中国特色的《民法典》，以维护广大人民根本利益为己任，以增进人民福祉，创造和谐社会为宗旨，全心全意为人民的生活保驾护航。

　　《民法典》的制定经历了几十年的风风雨雨和艰难曲折，终于在2021年得以施行。《民法典》共84章、1260条，总字数10万余字，涵盖了总则编、物权编、合同编、人格权编、婚姻家庭编、继承编、侵权责任编7编，是中华人民共和国成立以来真正意义上的第一部"法典"，标志着我国终于迈入了民法典时代，也标志着我国在保障权利方面翻开了崭新的一页。

《民法典》总则编在民法典中起着统领性作用，内容囊括了其他6编，对人民关切的社会热点和难点问题都作了规定。如针对一些涉及道德伦理的纠纷，提出了公序良俗原则；针对胎儿权益问题，肯定了胎儿的继承权利；针对人口老龄化、留守儿童问题，完善了监护制度，新增了遗嘱监护、成年监护等类型；针对个人信息泄露的情况，增加了个人信息权的规定；针对"扶人遭讹"的社会现象，设置了"见义勇为"条款，以维护权利人的合法权益，弘扬助人为乐的精神……

总而言之，法律永远是维护人民权利的武器，而《民法典》更是私权保障的宣言书，犹如母亲一样，保护我们一生。正如孟德斯鸠所言："在民法慈母般的眼里，每一个人就是整个的国家。"

聚焦《民法典》，告别"法盲"，我们的权利，需要我们捍卫！

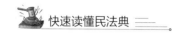

第三章 自然人：始于出生，终于死亡

第四章 法人：法律意义上的"人"

第五章 非法人组织：以自己的名义从事民事活动

第六章　珍惜权利，我的权利我做主

第七章　"规范"行为，有所为有所不为

第八章　真诚代理，双赢才是硬道理

第九章　勇于负责，不为"过失"找借口

第十章　掌控时效，别让你的钱打水漂

瞬间回眸：
从过去到**未来**。

第
一
章

为什么要编纂《民法典》？

　　《民法典》是规范自然人、法人等民事主体之间人身和财产关系的法典，是关乎国计民生的一部综合性法律典籍。

　　我们为什么要编纂一部《民法典》？

　　编纂《民法典》可谓意义重大，这不仅是全国人民的夙愿，也是建设社会主义法治社会的需要。

　　一、不可替代的重要地位

　　"法律是治国之重器"，其宗旨是保障人民的美好生活。在一个国家的法律体系中，除了必须有治国安邦的根本大法——宪法，还必须有保障人民基本民事权利的根本大法——民法典。

　　民事权利是公民的一项重要权利，既规定基本的人权，也规定非基本的人权，包括财产所有权、债权、人身权、知识产权、继承权。所以，《民法典》的编撰，关系每一个自然人、法人和非法人组织，它是衡量一个国家法律体系是否健全的重要标准，在国家法律体系中有着不可替代的重要地位。

二、民事法律体系化的客观要求

在《民法典》诞生以前，我国已经颁布了一系列基本的民事法律，包括《民法通则》《担保法》《合同法》《物权法》《侵权责任法》《婚姻法》《收养法》《继承法》等。这些法律都是在不同时期逐步形成的，因为当时情况的限制，很多法律并不完善。内容繁多而杂乱，甚至有疏漏、重复、矛盾之处，给司法运用带来了很多不便。

随着时代的发展，我们需要改变民事立法的碎片化状态，对已有的法律制度进行总结、梳理、整合、完善，消除不合时宜和重复矛盾之处，补充适应新形势的相应规定，将法律规则体系化，使其更具系统性和协调性。

制定一部将民事法律体系化的民法典，可以有效解决之前遗留的弊端，在立法、司法、执法、普法各个层面发挥积极作用，让公民在日常生活中更为便利地知晓与运用法律。同时，民事法律的体系化，也标志着一个国家法律制度的成熟，体现出我国法制现代化迈向了一个全新的高度和进程。

三、解决"新时代之问"的迫切需要

进入 21 世纪以来，我国社会和经济发展一路腾飞，尤其是科技领域，日新月异，诞生了很多划时代的发明，如网络虚拟财产、"AI 换脸"等，刷新了人们的认识，让人类进入了新的纪元。

时代在变，法律也需要作出改变，由此才能维护人民的权益和社会的和谐，让人民安居乐业。《民法典》充分吸收了近几年社会普遍关注的、关乎人民根本利益的一些新事物，对这些时代新问题给予了明确的法律规定，解决人们的困惑，让各种新事物有法可依，为人民的生命财产安全保驾护航。

总之，随着社会的不断发展，《民法典》也需要不断完善，这是时代发展的必然要求，也是《民法典》作为民事法律必须担负的责任。

《民法典》经历了怎样艰难、曲折的立法历程？

关于"民法"一词的由来，众说纷纭，大多数学者认为其源于罗马法中的"市民法"（又被称为公民法）。

罗马法最初有单独的"市民法"和"万民法"，后来，又先后编撰了4部法律汇编，其中影响较大的是《查士丁尼法典》和《国法大全》。罗马法的复兴，一定程度上为资本主义生产关系提供了现成的法律形式。

1804年，拿破仑加冕称帝，成了法国的最高统治者。他组织人员编撰了资产阶级国家的第一部民法典——《拿破仑法典》（又称《法国民法典》）。《拿破仑法典》是迄今为止施行时间最长的民法典，也是影响最深远的法典，成为丹麦、德国、瑞士、巴西等众多国家的立法蓝本，例如，希腊的民法典就是仿照该法典编撰而成的。

历经近100年的时间，《德国民法典》诞生了。这是继《法国民法典》之后，大陆法系国家第二部重要的民法典，也是具有划时代意义的一部法典。该法典严谨周密，体例完善，对我国民法典体例产生了极为深远的影响。

鸦片战争之后，清政府开始"变法图强"。1904年，光绪皇帝设修订法律馆，制定了中国历史上第一部民法典草案——《大清民律草案》。该草案条文总共有1569条，分总则、债权、物权、亲属、继承五编，《民法典》即沿用了此体例。

1925年，北洋政府也曾设立修订法律馆，在《大清民律草案》的基础上进行增删修改，起草了《民法修正案》（又称《第二次民律草案》），但最终因未完成立法程序而没能成为正式的民法典。

1928年，南京国民政府设立民法起草委员会，制定并施行了《中华民国民法》，该法典在国统区适用20年，是中国历史上第一部正式的民法典。中华人民共和国成立后，该法典被废除。

1954年，中华人民共和国颁布了新中国第一部宪法。随后以宪法为基础，相继制定了民事单行法。

1956年，在参考《苏俄民法典》的基础上，完成了民法典草案。1962年到1964年，完成了草案试拟稿。不过，这两次民法典的起草都没能最终完成。

1979年，全国人大常委会组成民法起草小组。1982年，《民法（草案）》第四稿完成，但因为当时中国正处于改革开放初期，社会秩序和经济发展都不稳定，很多问题一时难以决断，所以最终中央决定，"改批发为零售"，先制定一个能解决人们现实生活问题的民法大纲。于是，《中华人民共和国民法通则》（以下简称《民法通则》）正式诞生。

《民法通则》是为了适应社会主义现代化建设事业发展的需要而颁布，其明确了平等主体之间的财产关系和人身关系属于民法调整的范围，就正确调整民事关系作了各种规定。此后，我国又先后出台了婚姻法、继承法、收养法、担保法、合同法、物权法、侵权责任法等民事相关法律，逐步形成了比较完整的民事法律规范体系。

2001年到2002年，全国人大常委会第四次进行民法典的统筹工作，在九届全国人大常委会第三十一次会议上，审议了最新的《民法典（草案）》，但由于某种原因，民法典的整体编纂工作最终又被迫暂停了。

2014 年，我国在历经多年的改革开放后，已经逐步实现了经济和文化的繁荣发展，社会生活也趋于稳定成熟，为民法典的制定奠定了基础。于是，在十八届四中全会上，通过了《中共中央关于全面推进依法治国若干重大问题的决定》，明确提出"编纂民法典"。

2015 年，民法典编纂工作正式启动，通过"两步走"的方式，先出台了民法总则，然后编纂了民法典各分编草案，在审议和修改完善后，最终与民法总则"合体"，形成了完整的民法典草案。

2020 年，十三届全国人大三次会议审议通过了民法典草案，公布自 2021 年 1 月 1 日起施行该法典。至此，历经艰难曲折的民法典编纂工作，终于圆满完成。《民法典》成为中华人民共和国成立以来第一部以法典命名的法律，是我国依法治国的重要标志之一。

《民法典》的内容是什么？

《民法典》被人们称为"社会生活百科全书"。它采用了创新的"七编制"，内容包罗万象，几乎涉及民事主体一切具有法律意义的社会活动，与社会民生、市场经济发展等具有极为密切的联系。

那么，《民法典》的具体内容是什么呢？

（1）总则编

总则编共 10 章、204 条。总则编规定民事活动必须遵循的基本原则和一般性规则，统领《民法典》各分编。总则编以"弘扬社会主义核心价值观"为立法目的，确立了平等、自愿、公平、诚信、守法、公序良俗、绿色原则等民法基本原则。总则编规定了自然人、法人和非法人组织等三类民事主体，也规定了民事主体应该履行的权利与义务。最后，总则编确定了诉讼时效制，督促受害者在法定期间内行使权利。

（2）物权编

物权编共5个分编、20章、258条。物权是财产权的主要类型，物权编与社会生活密切相关，涉及财产如何确权、具有哪些权能、如何保护等方面的规定。物权体系包括所有权、用益物权和担保物权。所有权分编分别规定国家所有权、集体所有权和私人所有权是财产确权的基本依据。用益物权分编解决在不动产所有权上设立利用权的问题。担保物权分编则是金融体系的重要组成部分，它完善了担保交易规则，为推动经济高质量发展、改善营商环境提供原动力。

（3）合同编

合同编共3个分编、29章、526条。合同编通则是关于合同的一般规定，包含合同的订立、效力、履行、保全、变更、转让、终止、违约责任等方面的内容。《民法典》将原合同法的15种典型合同扩张到19种，增加了保证合同、保理合同、物业服务合同、合伙合同。当然，《民法典》不排斥民事主体在这19种典型交易之外另行安排彼此之间的交易。基于意思自治的基本原则，民事主体可以自主约定合同的内容，但前提是不能违反公序良俗和法律法规的强制性规定。

（4）人格权编

人格权编共 6 章、51 条。人格权法的单独成编，是《民法典》在编纂体例上的最大创新。人格权与个人生活和商业活动都有着极为密切的关系。生命权、身体权、健康权是自然人赖以生存的基础性权利；名誉权、隐私权是个体人格尊严的反映；姓名权、肖像权等权利具有商业利用价值；个人信息受到了法律的保护。与此同时，人格权编还确立了器官捐献的基本规则，也明确了从事人体基因、人体胚胎等有关的医学和科研活动必须遵守的规则。

（5）婚姻家庭编和继承编

婚姻家庭编共 5 章、79 条，继承编共 4 章、45 条。这两编对社会生活有非常广泛的影响，重点处理的是家庭中的民事法律关系。其中，婚姻家庭编的内容包括：结婚和离婚如何实施、具有何种效力；婚姻中家庭成员间的权利义务关系；收养关系的成立、效力以及如何解除。

继承编解决自然人死亡后的财富传承问题，规定了法定继承与遗嘱继承 2 种主要途径，以及遗产的处理程序。在继承编中，又新增加了对继承人的宽恕制度，对继承权法定丧失制度予以完善；增加了打印、录像等新的遗嘱形式；修改了遗嘱效力规则，废除了现行继承法关于公证遗嘱效力优先的规定，切实尊重遗嘱人的真实意愿。

（6）侵权责任编

侵权责任编共10章、95条。侵权责任编可视为对各种民事权利的保护法。前3章是关于侵权责任的一般规定，后面各章则规定了各种特殊的侵权责任类型，包括社会生活中常见的产品责任、机动车交通事故责任、医疗损害责任、饲养动物致损责任、建筑物致损责任等。

（7）附则

"附则"是最后的部分，它明确了《民法典》与原婚姻法、继承法、民法通则、收养法、担保法、合同法、物权法、侵权责任法、民法总则的关系。在《民法典》施行后，上述民事单行法律会被替代。因此，《民法典》规定在其施行之时，同步废止上述民事单行法律。需要说明的是，2014年十二届全国人大常委会第十一次会议通过的《全国人民代表大会常务委员会关于〈中华人民共和国民法通则〉第九十九条第一款、《中华人民共和国婚姻法》第二十二条的解释》，作为与民法通则、婚姻法相关的法律解释，也同步废止。

《民法典》对国家发展有何重大意义？

《民法典》在中国特色社会主义法律体系中具有重要的地位，是一部固根本、稳预期、利长远的基础性法律，对国家发展具有极其重大的意义。

一、有利于全面推进依法治国战略

无论是一个国家，还是一个民族，都离不开法律的约束，自中华人民共和国成立以来，我们就坚持依法治国的理念，坚决用法律来保障人们的衣食住行。

《民法典》是一部继往开来、兼具中国特色、体现时代特点、反映人民意愿的国家大法，是适应法治社会的产物，能全面推进我国的依法治国战略，为建设中国特色社会主义法律制度添砖加瓦，促进中国特色社会主义事业不断发展。

二、有利于推动市场经济的发展

《民法典》是市场经济的基本法，其所确立的调整经济关系的各项法律规范，为我国经济的发展提供了制度供给与法治保障。

具体来看，法人制度为各类市场主体参与公平竞争提供了基本规范；物权制度为国家所有权、集体所有权等公有制的实现，为保护和促进各类所有制经济的发展，提供了制度安排，激发了市场经济发展的活力；合同制度为各类民事主体自由参与市场交易、实现经济利益提供了基本行为准则，通过进一步完善合同履行原则，强化了违约责任制度，构建了交易的契约精神，对于维护市场稳定意义重大。

三、有利于调整民事法律关系

民事法律关系是社会管理科学中最为常见的法律关系。调整好民事关系，那么其他各种社会关系的矛盾就会得到缓解，使整个社会趋向和谐。

《民法典》规定了各种民事权利，而且收录的都是相对重要的民法规范，是民法体系的基础性规范，具有权威性，其他民法规范都要以《民法典》为总则，不能与之矛盾。可以说，《民法典》肩负着保护民事主体权利的重要责任，是满足人们民事生活和实际需求的重要法律依据。

四、有利于维护广大人民的根本利益

《民法典》将物权编、合同编、人格权编、婚姻家庭编、继承编和侵权责任编等都收录其中，内容涉及人民生活的方方面面。从呱呱坠地的胎儿权利，成长过程中的监护制度，未成年的保护制度，到成家立业，再到身后事，权利与义务一直与我们紧密相连。《民法典》为人们描绘了社会生活的蓝图，从个体到社会整体，从权利到义务，面面俱到，全面维护个人的利益和集体的利益。当我们的权利受到侵害时，我们就可以拿起法律的武器来维护自身的权益。总之，《民法典》是属于每一个公民的，是为了全体社会成员服务的。

5 《民法典》有哪些影响我们日常生活的时代新规？

　　《民法典》与我们的生活息息相关，从我们还未出生，只是一个小胎儿时，《民法典》就开始保护我们的权益。当我们步入婚姻的殿堂，或者面对离婚的纠葛，直至死亡，《民法典》始终与我们不离不弃，保护着代表我们意愿的遗嘱，让我们没有后顾之忧。

　　不仅如此，《民法典》还涵盖我们一生所涉及的几乎所有民事活动，如土地承包、房屋买卖、合同交易、公司经营、物业维权、借贷关系等等。无论大事小事，我们都可以依照《民法典》的规定，依法维护自己的权益。

　　例如：

　　扶老人遭碰瓷，找谁说理？

　　见义勇为受了伤，该向谁请求赔偿？

　　一个无儿无女的老人，生活困难，只有一栋房子供居住，这房子能卖吗？卖了还能住在里面终老吗？

　　一个大学生沉迷高消费，因此陷入高利率的"网贷"圈套中，结果无力偿还，他该怎么办？

一个 16 岁的花季少女遭遇性侵，她该如何维权？

面对宾馆和公共场所的偷拍摄像头，我们该如何保护个人隐私？

被高空落下的"庞然大物"砸中，如果找不到抛物之人，该找谁赔偿？

……

针对这些受到大众普遍关注的社会热点问题，《民法典》都作了明确规定，下面，我们就来具体看一看：

一、绿色原则

随着经济的快速发展，环境污染问题也越来越严重。面对紧迫的环境污染问题，加强公民的生态文明意识，建立更加和谐的人与自然关系，已经成为当前社会的一个重要任务。对此，《民法典》特别提出了绿色原则，规定："民事主体从事民事活动，应当有利于节约资源、保护生态环境。"有了此规定，人们将更加约束自己的行为，使环境保护工作在全社会得到落实。

二、见义勇为、善意救助人免责条款

"助人为乐、见义勇为"一直是中华民族的传统美德，但随着"讹人"事件的频繁发生，人民大众陷入了"该不该扶""该不该救"的道德困境。为此，《民法典》

规定："因自愿实施紧急救助行为造成受助人损害的，救助人不承担民事责任。""因保护他人民事权益使自己受到损害的，由侵权人承担民事责任，受益人可以给予适当补偿。没有侵权人、侵权人逃逸或者无力承担民事责任，受害人请求补偿的，受益人应当给予适当补偿。"这些规定，可以保护"助人为乐、见义勇为"之人的权益，有助于树立友善互助的社会风尚，传递正能量。

三、增加了土地经营权的规定

对于农民来说，土地是他们安身立命的根本，但随着外出务工人员的增多，土地荒废现象也日益增多。为了物尽其用，发展社会经济，我国提出了"所有权、承包权、经营权三权分置"的政策。为此，《民法典》特别增加了土地经营权的规定，明确土地承包经营权人可以自主决定并依法采取出租、入股或者其他方式向他人流转土地经营权。土地经营权的提出，放开了土地流转的范围、渠道和方式，可以有效解决农村闲置耕地问题，增加农民收入，让农民安心。

四、设置"居住权"

为了保障经济弱势人群，如孤寡老人、离婚妇女等的权益，《民法典》首次制定了有关"居住权"的法律规定。规定居住权人有权按照合同约定或者遗嘱，经登记占有、使用他人的住宅，以满足其稳定的生活居住需要。

居住权的出现，为住房提供了一种新形式，突出了房子的居住属性和居住功能，具有一定的救助性，体现了时代的温情。

五、明确电子合同的订立规则

为了适应网络交易蓬勃发展的需要，以及电子商务和数字经济的发展，《民法典》增加了互联网交易合同成立时间等方面的内容，规定只要消费者提交订单成功，双方的合同就成立了，有效保护了交易双方的权利。

此外，《民法典》将预约合同正式纳入法律制度之内，让社会中大量存在的预约合同以及由此产生的纠纷有法可依，是对合同方面相关法律法规的一次重要完善。

六、禁止放高利贷

近几年，社会上出现了越来越多的超前消费现象，伴随而来的互联网借贷、高利贷也愈演愈烈，很多人陷入"贷款"的圈套，无力承担越滚越多的利息，最终走上了自杀的绝路。面对如此严重的社会问题，《民法典》作出了明确规定，禁止放高利贷，并规定借款的利率不得违反国家有关规定。

七、对人体基因、人体胚胎等研究的规定

人体基因、人体胚胎等医学和科研活动中，如何避免侵犯人格权，是一个值得关注的重要问题。为此，《民法典》规定，从事与人体基因、人体胚胎等有关的医学和科研活动，应当遵守法律、行政法规和国家有关规定，不得危害人体健康，不得违背伦理道德，不得损害公共利益，以此来引导医学研究朝着健康有序的方向发展。

八、对性骚扰的规定

近年来，在职场、校园以及地铁、公交车上经常发生性骚扰事件，对于性骚扰，我国法律缺乏明确而详细的规定。《民法典》第一次将性骚扰行为的作为单独的条款予以明确，规定："违背他人意愿，以言语、文字、图像、肢体行为等方式对他人实施性骚扰的，受害人有权依法请求行为人承担民事责任。"同时，将负有防止性骚扰责任单位的范围进一步明确，规定了其负有预防和制止性骚扰的义务，体现了法律对于人格权的重视。

九、对隐私和个人信息的保护规定

随着互联网的发展和大数据时代的到来，个人隐私和个人信息的泄露也屡见不鲜，如在宾馆、试衣间安装非法摄像机进行偷拍，不法分子盗取个人信息进行售卖，这些都已经成为社会普遍关注的恶劣事件。为此，《民法典》特别规定了隐私的含义，扩大了隐私权的保护范围，明确规定除了法律另有规定或者权利人同意外，任何组织或个人不得搜查、进入、窥探、拍摄他人的住宅、宾馆房间等私密空间，以更好地保护个人隐私权和个人信息权。

十、召回缺陷产品时由生产者和销售者"买单"

《民法典》明确规定了缺陷产品在召回时产生的费用的责任归属问题，规定采取召回措施的，生产者、销售者应当负担被侵权人因此支出的必要费用。这项规定更好地维护了买家的利益，为处理缺陷产品纠纷提供了依据。

十一、增设离婚冷静期

近年来，我国的离婚率不断攀升，离婚行为也导致了一系列其他的社会问题，如孩子的心理问题等。为了减少轻率、冲动的离婚行为，《民法典》特别制定了离婚冷静期的规定，规定在协议离婚的过程中，当事人提交离婚登记申请后30日内，任何一方都可以撤回离婚申请。离婚冷静期给了夫妻双方一个缓冲的过程，给双方当事人一个冷静思考的机会，对于挽救婚姻有重要作用。

十二、明确胎儿的权利

根据法律规定，自然人的民事权利是从出生开始，到死亡结束的，但鉴于胎儿的特殊情况，也规定在遗产继承和接受赠予中，胎儿具有民事权利，可以继承遗产或接受遗赠。但如果胎儿娩出时为死体，那么其民事权利能力自始不存在。此项规定保护了胎儿的利益，体现了人文精神。

十三、完善高空抛物的侵权责任体系

近年来，高空抛物事件屡禁不止，并引发了广泛的社会关注，为此，《民法典》作了明确规定："禁止从建筑物中抛掷物品。从建筑物中抛掷物品或者从建筑物上坠落的物品造成他人损害的，由侵权人依法承担侵权责任。"这是一条具有强制性的法律规定，表明了法律对"高空抛物"的坚决禁止态度，可以起到良好的警示作用，规范公民的不良行为。

除此之外，《民法典》的新规还有很多很多……总之，关注《民法典》，就是关注日常生活，关注我们的权益。面对复杂的家庭纠纷、社会纠纷、买卖纠纷、债务纠纷，别担心，《民法典》将为你排忧解难，解决你的万千难题，还你安宁和谐的幸福生活。

遵守**法规**，
别让不懂法**害了你**。

第
二
章

1 民法的调整对象与调整范围是什么？

《民法典》调整的是平等主体的自然人、法人和非法人组织之间的人身关系和财产关系。具体来说，《民法典》调整的对象是作为平等主体的自然人、法人和非法人组织，《民法典》调整的范围是平等主体之间的人身关系和财产关系。

王小强的堂妹王小星驾驶电动车与王志驾驶的二轮摩托车相撞，造成王志死亡。后来，交通运输部门认定：王志对本起事故负主要责任。事后，王小星入院治疗，共支出医药费 5 万元。在王小强的建议下，王小星起诉了王志的妻子乔洁，要求她在机动车交强险及遗产继承范围内赔偿自己的经济损失。

请问，王小星的请求能够得到人民法院的支持吗？

小强说法

本案例涉及机动车发生交通事故致侵权人死亡后应该如何认定侵权损害赔偿主体的问题。

在本案例中，根据《民法典》婚姻编的相关规定，王志驾驶的二轮摩托车应该是王志与妻子乔洁的共有物，所以作为共有人，乔洁应该在交强险的范围内承担相应的赔偿责任。而且，乔洁作为王志的第一顺序法定继承人，如果选择继承遗产，那么，她就必须承担赔偿责任。

在认定民事主体法律责任之前，首先需要弄清楚案件中的各种法律关系。在本案例中，王小星与王志之间存在着因侵权行为产生的侵权法律关系，所以王志必须承担相应的侵权后果，可是王志死亡，那么，其侵权责任自然应该由其妻子乔洁来承担。

法典在线

《中华人民共和国民法典》第二条　民法调整平等主体的自然人、法人和非法人组织之间的人身关系和财产关系。

新法亮点

本条规定将非法人组织纳入调整范围，确认了"非法人组织"的民事主体地位。同时，将人身关系置于财产关系的前面，这是对民法调整范围的进一步完善，突出人身关系的重要性，体现了人文主义精神以及对以人为本的正确社会价值观的引导。

2 什么是平等原则？

平等原则，是指民事主体在从事民事活动时，相互之间在法律地位上一律平等，没有任何一个民事主体的地位可以高于其他民事主体的地位，民事主体都享有独立及平等的人格。

王小星与丈夫张建同在新安有限公司任职，后来，张建向公司申请调到分公司工作。根据公司的规定，夫妻一方要求调离的，双方需要同时调离。迫于无奈，王小星也不得不向公司提交了书面调离申请，并与总公司签订了解除劳动关系合同，同意到分公司后重新签订劳动合同。但是，张建还未到分公司工作就病故了，所以王小星想继续留在总公司工作，但总公司以劳动合同关系已经解除为由，予以拒绝。王小星向王小强咨询后，向人民法院提起诉讼，要求新安有限公司继续履行劳动合同。

请问，用人单位要求夫妻双方共同留任或离职是否违

民事法律关系中，当事人地位是平等一致的。

反平等原则，王小星的诉讼请求能否得到人民法院的支持？

小强说法

本案例的焦点是用人单位要求夫妻双方共同留任或离职是否违反了《民法典》规定的平等原则。

劳动合同是劳动者与用人单位在平等自愿、协商一致的原则下确定的劳动关系，劳动者与用人单位之间是平等的主体，双方要解除或变更合同必须遵守平等自愿的原则。在本案例中，王小星与张建虽然是夫妻关系，但是在法律上为独立且平等的两个民事主体，享有平等的选择权利。而新安有限公司制定的"夫妻一方要求调离的，双方需要同时调离"的规定，显然违背了法律规定的平等原则，是不合法的。而且，王小星与总公司签订解除劳动关系合同，是迫于公司的规定，并非她的真实意思表示，这违背了劳动合同中的自愿原则。因此，人民法院应当支持王小星的主张，恢复其与新安有限公司的劳动关系。

法典在线

《中华人民共和国民法典》第四条　民事主体在民事活动中的法律地位一律平等。

3 什么是自愿原则?

自愿原则,又称意思自治原则,它指的是平等的民事主体在法律允许的范围内,有权根据自己的意愿决定自己的事务,自主设立、变更、终止民事法律关系。

精彩案例

王小强的堂弟王小军是丽华公司的项目经理。当时,丽华公司与飞力公司正参加某项目的竞标,竞标当天,王小军与吴江的轿车发生碰撞,吴江纠缠不休,最终王小军错过了竞标时间,飞力公司竞标成功。之后,王小军得知,事故系飞力公司项目经理杨菲菲授意制造,目的是阻止其参加竞标活动。在王小强的指导下,王小军将杨菲菲和吴江二人告上了法庭。

请问,杨菲菲不择手段地阻止他人参加竞标活动,触犯了哪些法律规定?

小强说法

本案例涉及的是自愿原则的相关法律规定。

在本案例中，杨菲菲指使吴江制造交通事故阻止王小军参加竞标活动，已经构成了共同犯罪——强迫交易罪。那么，什么是强迫交易罪呢？强迫交易罪，是指以暴力、威胁手段强买强卖商品，强迫他人提供服务或者强迫他人接受服务，情节严重的行为。

商品交易是在平等民事主体之间发生的法律关系，应该遵循自愿与平等的原则。但是，如果行为人以暴力、威胁手段强行交易，那就具有严重的社会危害性，情节严重的，应该依法追究刑事责任。

总而言之，杨菲菲与吴江的行为不仅违背了《民法典》规定的自愿原则，还触犯了《中华人民共和国刑法》的有关规定，依法应当受到刑事处罚。

法典在线

《中华人民共和国民法典》第五条　民事主体从事民事活动，应当遵循自愿原则，按照自己的意思设立、变更、终止民事法律关系。

4 什么是公平原则？

　　公平原则是一项最基本的原则，主要有两方面的表现：一是指民事主体从事民事活动，应秉持公平观念；二是指司法者应根据公平观念处理各类民事纠纷，以维持民事主体之间的利益均衡。

精彩案例

　　王小军从兴盛工程公司分包了一项工程，让李方负责工地的各项事务。一天，李方监工时，因未按要求系安全带，从梯子上跌落，经相关部门鉴定为三级伤残。后来，王小军与李方签订和解协议：王小军一次性支付给李方30万元补偿金，双方解除劳动合同关系，李方收到补偿金后，不能再向王小军要求其他赔偿。可是，李方在治疗和康复期间花去了100多万元，于是李方找到王小军，要求重新商量赔偿事宜。但王小军认为，协议已经签订，而且此次事故中，李方未按要求系安全带才导致受伤，负有相应的责任，所以不应该再进行额外补偿。于是，李方向人民法院提起诉讼，要求撤销和解协议。那么，人民法院将如何裁决此案呢？

本案例的焦点是王小军与李方签订的和解协议是否违背了公平原则，是否应该予以撤销。

在本案例中，李方由王小军雇用，出了事故后李方要求王小军承担赔偿责任是合情合法的。王小军支付给李方的30万元的补偿金无法补偿李方的伤残损失，这份和解协议违背了公平原则，应该予以撤销。

除了王小军的责任，李方在施工过程中没有按要求系安全带，未尽到应有的注意义务，对此也要承担相应的责任。因此，对于赔偿金额，人民法院应该根据双方的责任，秉持公平原则，重新裁判确定。

法典在线

《中华人民共和国民法典》第六条　民事主体从事民事活动，应当遵循公平原则，合理确定各方的权利和义务。

《中华人民共和国民法典》第一百五十一条　一方利用对方处于危困状态、缺乏判断能力等情形，致使民事法律行为成立时显失公平的，受损害方有权请求人民法院或者仲裁机构予以撤销。

5 什么是公序良俗原则?

公序良俗原则,是指民事主体在进行民事行为时,应以一般道德为核心,尊重公共秩序和善良风俗两个原则。公共秩序,是指涉及全体社会成员共同利益的基本秩序和原则;善良风俗,又被称为社会公共道德,是指由社会全体成员所普遍认可、遵循的道德准则。

精彩案例

王小军与妻子陶雅刚结婚时感情和睦,但后来逐渐有了矛盾,关系变得冷淡。王小军在一次宴会上认识了杨花,并发展为情人关系。二人签订了一份包养协议:王小军一次性支付杨花 50 万元,杨花不能结婚,要一直做王小军的情人,直到王小军同意解除二人的关系。之后，王小军便将 50 万元转到了杨花的银行卡上。陶雅发现这件事后，多次找杨花索要未果。于是，陶雅将杨花告上了法庭，要求其归还 50 万元。那么，陶雅是否可以要回这些财产呢？

小强说法

本案例涉及两个法律问题，一是公序良俗原则的法律规定，二是不当得利的法律规定。

王小军与杨花签订的包养协议，违背了公序良俗原则，属于无效协议，所以，杨花应当返还 50 万元。根据法律规定，婚姻存续期间的财产应当属于夫妻共同财产，夫妻双方在处理夫妻共同财产上的权利是平等的，所以陶雅有权利索要这 50 万元。

不当得利，是指没有法律依据，通过造成他人损失而取得不当利益。王小军赠予杨花的 50 万元，属于家庭财产，王小军在未征得妻子陶雅的同意下私自赠予的行为，损害了陶雅的合法权益。而且杨花接受这笔财产，并没有付出符合法律规定的对价，属于不当得利，应该予以返还。

法典在线

《中华人民共和国民法典》第八条　民事主体从事民事活动，不得违反法律，不得违背公序良俗。

《中华人民共和国民法典》第一百二十二条　因他人没有法律根据，取得不当利益，受损失的人有权请求其返还不当利益。

新法亮点

公序良俗原则不但实现了对社会秩序的控制，补充了强行法规规定的不足，而且它对弘扬社会公共道德、建立稳定的社会秩序、保障社会的有序发展产生了极大的影响。

6 什么是绿色原则?

绿色原则,是指民事主体在从事民事活动时,应当秉持节约资源的理念,自觉保护生态环境,实现人与自然和谐相处。

王小强的哥哥王小东承包了一个鱼塘,承包期限为5年,承包金共5万元。一个周末,王小东发现鱼塘里的鱼大批死亡。原来,鱼塘附近有一家小型汽修厂,负责人为李云峰,汽修厂的污水通过排水渠排入了王小东的鱼塘。后来,王小东将鱼塘水样送到相关监测中心进行水质分析,得出的结论是:送检水样中石油类超标十多倍。王小东向王小强咨询,王小强建议王小东起诉李云峰,要求赔偿。

请问,排放污水致他人财产受损是否要承担法律责任呢?

小强说法

本案例的焦点是排放污水致他人财产受损是否违反绿色原则，是否要承担一定的法律责任。

很多企业在排放污水时都会进行污水处理，达到国家排放标准后才会进行排放。在这种情况下，如果造成他人的人身财产受到损害，企业往往会以污水达标为由而拒绝赔偿损失。但是，企业排放污水致他人财产受到损害是必须承担赔偿责任的。环境污染造成损害，实行的是无过错赔偿责任，只要企业排污造成了损害，不管企业是否存在过错，都应该承担赔偿责任。

在本案例中，李云峰经营的汽修厂的污水通过排水渠排入王小东承包的鱼塘中，经检查分析显示鱼塘水样中石油类指标严重超标，可见鱼塘水质受到污染，李云峰是环境污染的加害人。所以，他应该赔偿王小东的损失。至于如何赔偿则需要根据当时当地的实际情况来确定，要结合当地每亩鱼塘年平均纯收入来进行计算。

法典在线

《中华人民共和国民法典》第九条　民事主体从事民事活动，应当有利于节约资源、保护生态环境。

新法亮点

规定绿色原则为民法基本原则有着非常重要的意义：任何民事主体从事民事活动时都要将保护生态环境、节约资源作为基本准则。《民法典》将绿色原则与其他原则并列在一起，使节约资源、保护生态环境成为《民法典》的基本准则，使人与资源的关系更平衡，人与环境更能友好相处。

7 《民法典》中的"习惯"指的是什么？

习惯，是指一定地域内的群众在社会生活中长期形成、一致认可并普遍遵守的行为。适用习惯的前提是某项请求权没有具体的成文法律、法规作为法律基础，并且不违反民法平等、公平、诚实信用和公序良俗等原则。

王小强的同学林志业与陈美美举办订婚仪式。在订婚宴席中，林志业按照当地风俗送给陈美美价值6万元的订婚礼，举办酒席花去了近3万元。可是，订婚半年后，陈美美一直不同意结婚。后来，陈美美以林志业无力购买楼房为由提出解除婚约。林志业咨询王小强后，向陈美美提出解除婚约的条件：归还收取的6万元订婚礼，并赔偿举办订婚宴花去的近3万元。

但是，陈美美没有答应，林志业只好提起诉讼。那么，林志业能否要回相关费用呢？

小强说法

本案例的焦点是已经送出的彩礼因退婚是否可以根据当地习惯而退还。

订立婚约的习俗在现实生活中十分盛行，由于人们物质生活水平的提高和攀比现象的影响，因订立婚约而送的彩礼的价值越来越高。订婚一般都是已经确定恋爱关系的男女双方通过举办一定的仪式向社会和他人宣示互为自己的结婚对象的仪式。一般情况下，已经订婚的男女双方很快就会步入婚姻的殿堂。但是，出于各种各样的原因，订婚后其中一方毁约的事情也时有发生。《民法典》规定了处理民事纠纷应当依照法律，但法律没有规定的可以适用习惯，前提是不得违背公序良俗。因此，本案例可以适用该条来处理，也就是说，本案例经查明当地存在婚约解除方赔偿另一方订婚损失的习惯，而且该习惯并不违反公序良俗，那么，陈美美应返还林志业支付的 6 万元订婚礼，并对林志业订婚宴的花费应当承担赔偿责任。

法典在线

《中华人民共和国民法典》第十条 处理民事纠纷，应当依照法律；法律没有规定的，可以适用习惯，但是不得违背公序良俗。

新法亮点

民法除了成文法之外，还有其他表现形式，也就是说，成文法是普通法源，习惯与法理是补充法源。所以，在法律没有明文规定时，适用习惯处理纠纷；没有成熟的习惯作为习惯法时，应当用法理加以补充。

自然人：
始于**出生**，终于**死亡**。

第
三
章

1 自然人的民事权利能力从何时开始?

什么是自然人?自然人,是指依自然规律而出生,区别于其他动物的人。自然人的民事权利能力从出生时开始享有,只要胎儿出生时为活体,就享有民事权利,并承担民事义务。自然人的民事权利能力终止于死亡,包括生理死亡和宣告死亡。

林志业带着怀孕的妻子李晓驾车外出,在一个路口与肖庆驾驶的大卡车相撞,结果3人均受伤。李晓因车祸而早产,但男婴出生10分钟后死亡。对于这起事故,交通运输部门认定:肖庆负主要责任,林志业负次要责任。后来,双方因赔偿事宜产生纠纷,肖庆同意赔偿林志业和李晓的部分医药费,但就二人因早产男婴死亡遭受的损失,不同意予以赔偿。王小强认为，李晓的孩子出生时为活体，可以享有一定的民事权利。所以，林志业将肖庆起诉至人民法院。那么，肖庆是否要赔偿林志业和李晓因婴儿死亡遭受的损失？

小强说法

本案例的焦点是因交通事故孕妇产下早产儿，婴儿随即死亡，但其在出生时属于活体，在这种情况下，刚出生的婴儿是否具有民事权利能力，机动车交通事故赔偿主体是否要承担一定的赔偿责任。

在本案例中，怀有身孕的李晓在交通事故中因遭遇外力撞击而产下早产儿，婴儿出生时为活体，但很快死亡。李晓的身体健康因为两车相撞而受到侵害，而婴儿存在于母体内，由于母体受到伤害而诱发婴儿早产。《民法典》规定，自然人从出生时起到死亡时止，具有民事权利能力，依法享有民事权利，承担民事义务。由于该婴儿出生时为活体，他是在出生10分钟后死亡的，所以他依法享有民事权利。因此，林志业和李晓因婴儿死亡遭受的损失，应该由这起交通事故的赔偿主体肖庆来承担。

法典在线

　　《中华人民共和国民法典》第十三条　自然人从出生时起到死亡时止，具有民事权利能力，依法享有民事权利，承担民事义务。

　　《中华人民共和国民法典》第十六条　涉及遗产继承、接受赠与等胎儿利益保护的，胎儿视为具有民事权利能力。但是，胎儿娩出时为死体的，其民事权利能力自始不存在。

2 限制民事行为能力人从事的 哪些行为有效？

8周岁以上的未成年人和不能完全辨认自己行为的成年人为限制民事行为能力人。限制民事行为能力人不可以独立实施民事法律行为，实施民事法律行为应由其法定代理人或者经其法定代理人同意、追认。但是，限制民事行为能力人可以独立实施纯获利益的民事法律行为或者与其年龄、智力、精神健康状况相适应的民事法律行为。

王小强和前妻乔雨的儿子乐乐今年12周岁，某天在逛街时看到超市正在进行有奖销售，于是他购买了一本学习资料，获得了抽奖机会，结果抽中了头等奖，奖品为苹果手机。可是，乐乐去领奖品时却遭到了拒绝，理由是乐乐属于未成年人，其购买行为无

效，所以他无权领取奖品。乐乐打电话将这件事告诉了父亲王小强，王小强认为乐乐虽然属于未成年人，但其已经具有独自购买学习用品的能力，他有权领取奖品。那么，乐乐是否可以拿到这个大奖呢？

小强说法

本案例涉及的是限制民事行为能力人的相关规定。

根据《民法典》的规定，限制民事行为能力人不得独立实施民事法律行为，只有实施的是纯获利益的民事法律行为或者与其年龄、智力、精神健康状况相适应的民事法律行为，才被认定是有效的。

在本案例中，乐乐年仅 12 周岁，属于限制民事行为能力人，他花钱购买学习资料的行为与本人学习密切相关，他已经能够理解其行为的性质并预见行为的后果。由此可见，乐乐购买学习资料的行为是与其年龄、智力相适应的民事法律行为，属于其可以独立实施的民事法律行为，超市主张其购买学习资料的行为无效不能成立。乐乐抽到头等奖，属于纯获利益的民事法律行为，他完全可以独立实施。因此，超市应当向乐乐交付作为头等奖的苹果手机。

法典在线

《中华人民共和国民法典》第十九条 八周岁以上的未成年人为限制民事行为能力人，实施民事法律行为由其法定代理人代理或者经其法定代理人同意、追认；但是，可以独立实施纯获利益的民事法律行为或者与其年龄、智力相适应的民事法律行为。

《中华人民共和国民法典》第二十二条 不能完全辨认自己行为的成年人为限制民事行为能力人，实施民事法律行为由其法定代理人代理或者经其法定代理人同意、追认；但是，可以独立实施纯获利益的民事法律行为或者与其智力、精神健康状况相适应的民事法律行为。

新法亮点

《民法典》第19条是对8周岁以上的未成年人为限制民事行为能力人的规定。本条将未成年人限制民事能力人的年龄下限由原民法通则规定的10周岁降至8周岁，这样做更有利于限制民事行为能力人实施法律行为和保护其合法权益。

3 什么是无民事行为能力人？
其具有什么法律特征？

无民事行为能力人，是指完全不具有独立实施民事法律行为，应由法定代理人代理实施的自然人，包括不满8周岁的未成年人、不能辨认自己行为的成年人和不能辨认自己行为的8周岁以上的未成年人。根据《民法典》的规定，无民事行为能力人不得实施民事法律行为，应由法定代理人代理实施民事法律行为，其所实施的民事法律行为无效。

"精彩案例"

一家出版社想要出版一本《新作文》，于是向乐乐的小学语文老师王芳约稿，王芳当时教二年级，于是将班级同学的作品经过修改和加工出版了，其中就有乐乐的7岁弟弟天天的作文。但是，王芳既没有给收录作品的学生署名，也没有给他们支付相应的稿酬。王小强得知后，认为王芳的做法侵害了天天和其他学生的权利，于是找到王芳，要求将学生的作品署名，并支付稿酬。请问，王芳的做法是否侵犯了未成年人的权利？

小强说法

本案例的焦点是小学老师未经允许私自出版未成年人作品，是否构成侵权。

在本案例中，涉及的都是年龄在6岁至7岁的小学生。很显然，这些孩子属于无民事行为能力人。虽然这些未成年人不能实施民事法律行为，但却可以由其法定代理人代理实施民事法律行为。当然，一般情况下都是由父母担任孩子的法定代理人，王芳不是学生的法定代理人，所以她无权出版学生的作文。

《中华人民共和国未成年人保护法》规定了国家依法保护未成年人的智力成果和荣誉权不受侵犯。所以，无民事行为能力的未成年人对自己创作的文学、艺术作品等享有著作人身权和财产权，也就是说，享有署名权、修改权、保护作品完整权及获得报酬权、转让权等。在本案例中，王芳作为语文老师无权擅自出版学生的作文，在其出版时也未给学生署名，出版后也没有给学生支付报酬，侵犯了学生的著作人身权和财产权。

法典在线

《中华人民共和国民法典》第二十条　不满八周岁的未成年人为无民事行为能力人，由其法定代理人代理实施民事法律行为。

《中华人民共和国民法典》第二十一条　不能辨认自己行为的成年人为无民事行为能力人，由其法定代理人代理实施民事法律行为。

八周岁以上的未成年人不能辨认自己行为的，适用前款规定。

4 除了父母，谁还可以担任未成年人的监护人？

父母是未成年人天生的监护人，在父母未死亡，并且没有丧失监护能力的前提下，其他人不能担任监护人。反之，如果父母死亡，或没有监护能力，则可以由祖父母、外祖父母担任。如果祖父母、外祖父母去世，则可以由兄、姐担任。如果没有兄、姐或兄、姐死亡，那么，则可以由其他愿意担任监护人的个人或者组织担任，但是须经未成年人住所地的居民委员会、村民委员会或者民政部门同意。

精彩案例

王小强的邻居张少林与妻子徐梅离了婚，年仅1岁的儿子小伟由张少林抚养。可是，张少林却以身体残疾、无固定收入为由提出更改监护人。徐梅也属残疾人，生活不能自理。张少林和徐梅各自的父母都不具备监护能力。所以，村委会指定张少琴（小伟的姑姑）为其监护人。张少琴为视力一级残疾人，于是以没有能力抚养小伟为由，请求人民法院撤销由自己担任小伟监护人的指定。

请问，张少琴的请求能否得到人民法院的支持？在没有亲属或者朋友等担当监护人的情形下，市民政局是否可以担当小伟的监护人？

小强说法

本案例涉及的是有关公职监护人的法律规定。

《民法典》规定了当没有合适的监护人时，这一职责可以由民政部门或者被监护人住所地的居民委员会、村民委员会担任。人民法院在指定监护人时要根据监护人的身体健康状况、经济条件以及与被监护人在生活上的联系状况等综合因素确定。倘若未成年人的近亲属没有监护能力，也没有关系密切的其他亲属、朋友愿意承担监护责任的，人民法院可以根据对被监护人有利的原则直接指定民政部门担任未成年人的监护人。

在本案例中，小伟只是一个年仅1岁的幼儿，其父母没有能力抚养他，外公外婆、爷爷奶奶和姑姑都没有能力抚养他。所以，人民法院根据最有利于被监护人利益的原则，指定市民政局作为小伟的监护人，符合法律规定。

法典在线

《中华人民共和国民法典》第二十七条　父母是未成年子女的监护人。

未成年人的父母已经死亡或者没有监护能力的，由下列有监护能力的人按顺序担任监护人：

（一）祖父母、外祖父母；

（二）兄、姐；

（三）其他愿意担任监护人的个人或者组织，但是须经未成年人住所地的居民委员会、村民委员会或者民政部门同意。

《中华人民共和国民法典》第三十二条　没有依法具有监护资格的人的，监护人由民政部门担任，也可以由具备履行监护职责条件的被监护人住所地的居民委员会、村民委员会担任。

新法亮点

　　《民法典》增加了"民政部门"可以担任未成年人监护人的规定。这样调整，适应了社会发展的现状，让民政部门发挥其专业职能，有利于更好地保护被监护人的利益。

5 什么情形下人民法院可以撤销监护人的资格？

监护人实施严重损害被监护人身心健康的行为；怠于履行监护职责，或者无法履行监护职责并且拒绝将监护职责部分或者全部委托给他人，导致被监护人处于危困状态；实施严重侵害被监护人合法权益的其他行为。有以上情形之一的，人民法院可根据有关个人或者组织的申请撤销其监护人资格。

精彩案例

王芳的妹妹王叶几年前嫁给许巍为妻，婚后育有一女琪琪。后因许巍有暴力倾向，所以王叶提起离婚诉讼，并获得了女儿琪琪的抚养权。某天，许巍前往王家将王叶及其母亲捅死，并捅伤琪琪。经鉴定，琪琪的伤情已经构成一级伤残。由于琪琪的外公早已去世，在母亲这一方的亲属中，只有大姨王芳可以作为其监护人。于是，王芳向人民法院提起诉讼，请求撤销许巍的监护人资格并由自己担任琪琪的监护人。

请问，王芳的请求能否得到人民法院的支持？

小强说法

本案例涉及的是撤销监护人资格的法律规定。

《民法典》规定监护人严重损害被监护人身心健康时，人民法院根据有关个人或者组织的申请可以撤销其监护人资格，并按照最有利于被监护人的原则指定监护人。在本案例中，许巍在离婚后闯入王家捅死王叶及其母亲，并将琪琪捅成重伤，许巍的这一行为是极端恶劣的，已经极其严重地损害了琪琪的身心健康，不利于其健康成长，而且许巍被判入狱后无法履行监护职责，所以人民法院有权撤销许巍的监护资格。同时，由于王叶及其父母都已去世，根据最有利于琪琪成长的原则，在考虑琪琪大姨王芳的意愿后，指定王芳担任监护人会更为合适。因此，王芳的请求将得到人民法院的支持。

法典在线

《中华人民共和国民法典》第三十六条 监护人有下列情形之一的，人民法院根据有关个人或者组织的申请，撤销其监护人资格，安排必要的临时监护措施，并按照最有利于被监护人的原则依法指定监护人：

（一）实施严重损害被监护人身心健康的行为；

（二）怠于履行监护职责，或者无法履行监护职责且拒绝将监护职责部分或者全部委托给他人，导致被监护人处于危困状态；

（三）实施严重侵害被监护人合法权益的其他行为。

本条规定的有关个人、组织包括：其他依法具有监护资格的人，居民委员会、村民委员会、学校、医疗机构、妇女联合会、残疾人联合会、未成年人保护组织、依法设立的老年人组织、民政部门等。

前款规定的个人和民政部门以外的组织未及时向人民法院申请撤销监护人资格的，民政部门应当向人民法院申请。

新法亮点

　　与之前的《民法通则》相比，《民法典》总则编撤销监护人资格的事由更加具体，申请主体更加明确且多样。而且，还增加了补救措施，安排了必要的临时性监护措施，并按照最有利于被监护人的原则指定监护人。

法人：**法律意义上的"人"。**

第四章

1 什么是法人？

法人，是指法律规定具有民事权利能力和民事行为能力，能够独立享有民事权利和承担民事义务的组织。具体来说，法人具有独立的法律人格，具有独立的财产和独立的意思，还独立承担责任。

设立法人需要具备几个条件：

（1）有自己的名称；

（2）有符合法律要求的组织机构；

（3）有自己固定的住所；

（4）有必要的财产或经费。

只有以上几个条件符合法律规定后，才能成立法人。

王芳的丈夫李海明是利美有限公司的股东之一，

经人介绍认识了夏子华。2021年1月。夏子华和林梅每人出资10万元成立了同创文化公司。同年2月，李海明将公司的写字楼租给了同创文化公司。双方约定：月租金为3万元，每月的第1天支付。最开始两个月，同创文化公司都按时支付了房租。但从第3个月开始，便以各种理由拖欠房租。原来，同创文化公司因为经营不善，已经入不敷出。于是，李海明找到夏子华，要求其支付房租，但夏子华说房租属于公司拖欠，和他个人无关。于是，李海明将同创文化公司起诉至人民法院，要求同创文化公司支付逾期房租6万元。

请问，李海明起诉同创文化公司的行为，符合法律规定吗？

小强说法

《民法典》规定，法人是具有民事权利能力和民事行为能力，依法独立享有民事权利和承担民事义务的组织。同创文化公司符合法人的条件特征，它相对于其出资人具有独立的财产和法人财产权，所以，李海明无权要求林梅和夏子华个人支付所欠房租，他只能要求同创文化公司支付。如果提起诉讼主张权利，李海明只能将同创文化公司作为起诉对象，要求其支付所欠房租。

法典在线

《中华人民共和国民法典》第五十七条　法人是具有民事权利能力和民事行为能力，依法独立享有民事权利和承担民事义务的组织。

《中华人民共和国民法典》第五十八条　法人应当依法成立。

法人应当有自己的名称、组织机构、住所、财产或者经费。法人成立的具体条件和程序，依照法律、行政法规的规定。

设立法人，法律、行政法规规定须经有关机关批准的，依照其规定。

《中华人民共和国民法典》第五十九条　法人的民事权利能力和民事行为能力，从法人成立时产生，到法人终止时消灭。

《中华人民共和国民法典》第六十条　法人以其全部财产独立承担民事责任。

什么是营利法人？其监督机构具有哪些职权？

营利法人，是指以取得利润并分配给其股东等出资人为目的成立的法人，包括有限责任公司、股份有限公司和其他企业法人等。

营利法人的监督机构，是指对营利法人的执行机构所从事的业务活动进行专门监督的机构。营利法人的监督机构一般是监事或者监事会，也是营利法人的法定必备常设机构。监事会应当包括股东代表和适当比例的公司职工代表，具体比例由法人章程规定。

2020年，李海明和杨朔共同投资成立了利美有限公司，注册资本为人民币60万元，其中李海明投入20万元，杨朔投入40万元。后来，利美有限公司召开首次股东大会，选举杨朔为公司的执行董事，李海明为公

司的监事。自公司成立以来，杨朔从来没有向李海明提供过任何财务会计报告，公司年度财务预决算方案也从未提请股东大会审议。该公司股东之间产生了一些矛盾，公司主要由杨朔掌控。李海明发起召开股东大会，要求清查公司的财务状况，又被杨朔拒绝。李海明将杨朔告上了法庭，要求对方提供公司自成立至今的所有财务账簿、财务会计报告、费用报销凭证等。那么，李海明的请求能否得到人民法院的支持呢？

小强说法

本案例的焦点是营利法人监督机构是否有权清查公司的财务状况。

《民法典》规定了营利法人设监事会或监事等监督机构的，监督机构依法行使检查法人财务，监督执行机构成员、高级管理人员执行法人职务的行为，以及法人章程规定的其他职权。

在本案例中，李海明在利美有限公司既是股东又是监事，他有权要求检查法人财务，查阅财务账簿、财务会计报告、费用报销凭证等。但是，对于已经查阅的财务账簿、财务会计报告、费用报销凭证等杨朔可以不必再次提供。

法典在线

《中华人民共和国民法典》第八十二条 营利法人设监事会或者监事等监督机构的，监督机构依法行使检查法人财务，监督执行机构成员、高级管理人员执行法人职务的行为，以及法人章程规定的其他职权。

新法亮点

本条是新增条文，规定了营利法人监督机构的职权。监督机构如果认为自己无法行使监督权，可依据本法起诉维护自身的合法权利。

3 什么是非营利法人？

非营利法人，是指为公益目的或者其他非营利目的成立，不向其出资人、设立人或者会员分配利润的，具有民事权利能力和民事行为能力的法人。

非营利法人除了具有法人的一般法律特征外，其根本特征是具有非营利性，即其设立是为了公益或者其他非营利目的，而不是取得利润并将利润分配给其出资人、设立人或者会员。

王小强的大学同学李连是上海市农村合作基金会接管中心的负责人，他主要负责接管和清理各农村合作基金会的债权债务。他发现培华发电厂曾委托李玉林以个人名义向七里堡农村合作基金会借款 10 万元。后来，培华发电厂与七里堡农村合作基金会商议后，将上述贷款转为新贷款，将借款人变更为培华发电厂，李玉林为担保人，并办理了 20 万元贷款手续。之后，刘秀共还款 4 万元，其他欠款一直未还。李连曾催告其偿还本金及利息，但都遭到了拒绝。所以，李连提起诉讼，要求培华发电厂偿还剩余本金及利息。

请问，七里堡农村合作基金会是否属于非营利法人，与他人签订的借款合同是否有效？

小强说法

本案例涉及的是非营利法人的相关法律规定。

七里堡农村合作基金会是为农业、农民、农村服务的资金互助组织，属于非营利法人。它可向农业生产活动提供资金支持，但不能对农业以外的经济活动提供贷款。在本案例中，培华发电厂委托李玉林以个人名义向七里堡农村合作基金会借款，并与其签订了借款合同，后来培华发电厂与七里堡农村合作基金会经过协商将借款人变更为培华发电厂。七里堡农村合作基金会没有向非农业活动提供贷款的权利，该借款合同违反法律强制性规定，所以无效。因此，培华发电厂不必承担还款义务，但应将取得的贷款归还，并根据实际情况适当地赔偿因长期占用资金给七里堡农村基金会造成的损失。

法典在线

《中华人民共和国民法典》第八十七条　为公益目的或者其他非营利目的成立，不向出资人、设立人或者会员分配所取得利润的法人，为非营利法人。

非营利法人包括事业单位、社会团体、基金会、社会服务机构等。

4 什么是捐助法人？捐助法人对捐助人有什么义务？

捐助法人，是指自然人或者法人、非法人组织出于公益目的，自愿捐助财产而成立基金会等慈善组织，并进行专门管理的非营利法人。

捐助法人的财产，由捐助人提供，因而捐助人尽管不从捐助法人的活动中获得利益，但是对于捐助法人享有部分权利。捐助人对捐助法人享有以下权利：

（1）有权查询捐助财产的使用、管理情况。

（2）有权对捐助法人使用和管理捐助财产提出建议。

（3）有权向人民法院主张撤销捐助法人错误的决定。

乐乐的同学齐丽美因家庭困难，通过《今日日报》向社会募捐，之后，《今日日报》与多家慈善机构签

订捐赠协议，约定：受赠人为今日日报社，捐款主要用于齐丽美，可以由专人保管，但是如果齐丽美不继续就学，捐款可以由受赠人转给其他贫困儿童。

请问，募捐人将捐款转给其他人使用是否合法？

小强说法

本案例的焦点是捐助法人是否对捐助人负有一定的义务。

在本案例中，慈善机构在捐款的同时，与《今日日报》签订了捐赠协议，协议的内容符合法律的有关规定，应视为有效。也就是说，这笔捐款主要用于齐丽美，支持其完成学业。但是，如果齐丽美不继续就学，捐款可以被用来接济其他贫困儿童。这样做既合情又合法，所以按照规定募捐人可以按照协议将捐款转给其他人使用。

法典在线

《中华人民共和国民法典》第九十二条　具备法人条件，为公益目的以捐助财产设立的基金会、社会服务机构等，经依法登记成立，取得捐助法人资格。

依法设立的宗教活动场所，具备法人条件的，可以申请法人登记，取得捐助法人资格。法律、行政法规对宗教活动场所有规定的，依照其规定。

《中华人民共和国民法典》第九十四条　捐助人有权向捐助法人查询捐助财产的使用、管理情况，并提出意见和建议，捐助法人应当及时、如实答复。

捐助法人的决策机构、执行机构或者法定代表人作出决定的程序违反法律、行政法规、法人章程，或者决定内容违反法人章程的，捐助人等利害关系人或者主管机关可以请求人民法院撤销该决定。但是，捐助法人依据该决定与善意相对人形成的民事法律关系不受影响。

新法亮点

此项法规很好地体现了捐助人应当享有的知情权，对于捐助财产的使用可以提出意见和建议。如果捐助财产的使用不符合捐助人的意愿时，捐助人还可以向人民法院起诉，要求撤销捐助财产，这对鼓励捐助义举、保护捐助人合法权利、促进社会公益事业向良性发展是非常有利的。

5 机关法人终止由谁承担其民事权利和义务？

机关法人，是指有独立经费的机关和承担行政职能的法定机构，依法行使宪法、法律和行政法规赋予的职权和履行行政管理职能。如果机关法人被撤销，那么其作为民事主体从事民事活动所产生的民事权利和义务由继任机关法人享有和承担。但是，如果没有继任机关法人，则由作出撤销决定的机关法人享有和承担。

王小强的好友刘友强是一个小有名气的企业家。有一次，利顺镇政府将所办企业佳仁钢铁厂转让给了刘友强。这时，该钢铁厂的全部资产约为 1360 万元，其中固定资产约为 600 万元，无形资产约为 60 万元，其余流动资产约为 700 万元。刘友强交纳 300 万元购买金买断了佳仁钢铁厂的产权，双方还正式签订了合同，并约定：利顺镇政府将评估报告确认的资产转让给刘友强，刘友强要承担原厂的全部负债。后来，利顺镇政府经确认，总资产为 1360 万元，总负债为 1060 万元。之后，刘友强以利顺镇政府在转让钢铁厂时没有将流动资产中的 450 万元交付为由，将利顺镇政府告上了法庭。在此期间，利顺镇政府被撤销，其资产由安华镇政府接管。

请问，当有关机构被撤销时，由谁来赔偿受害者的损失呢？

小强说法

本案例涉及的是机关法人被撤销后，其责任承担的法律规定。

在本案例中，刘友强与利顺镇政府签订了出售合同。根据合同规定，利顺镇政府应该将佳仁钢铁厂的所有财产转让给刘友强。但是，利顺镇政府没有将流动资产中的 450 万元交付给刘友强，给其企业生产造成了严重的损失。可是，利顺镇政府之后被国家撤销了，其资产由安华镇政府接管。

根据《民法典》的规定，机关法人被撤销的，法人终止，其民事权利和义务由继任的机关法人享有和承担。安华镇政府是利顺镇政府的继任机关，所以其必须为利顺镇政府以前所欠的债务或者给他人造成的损害承担法律责任。

法典在线

《中华人民共和国民法典》第九十八条　机关法人被撤销的，法人终止，其民事权利和义务由继任的机关法人享有和承担；没有继任的机关法人的，由作出撤销决定的机关法人享有和承担。

新法亮点

一般情况下，机关法人的终止都是基于国家政策或行政命令。《民法典》第98条规定让政府对撤销后的机关法人的民事责任进行兜底，保护了债权人的利益，也有利于提升政府信用，维护国家权威。

非法人**组织**：
以自己的**名义**
从事民事**活动**。

第
五
章

1 什么是非法人组织？有哪些类型？

非法人组织，是指不具有法人资格，但是能够依法以自己的名义从事民事活动的组织。非法人组织是不同于自然人和法人的社会组织，但和法人一样，具有相应的民事权利和民事行为能力。同时，也可以有自己的名称，以自己的名义进行民事活动，并有自己特定的民事活动目的。

精彩案例

王小强的老家曾经山清水秀，但近年来，山林和河流都遭到了严重破坏，尤其是附近的化工厂，排放的污水和废气严重影响了当地的生态环境。当地环境基金会以"动员全社会关心和支持绿色发展产业，促进生态文明建设和人与自然和谐"为宗旨，对化工厂提起了诉讼，要求其停止污染行为，消除造成环境污染的危害，恢复生态环境。

请问，环境基金会的请求能否得到人民法院的支持呢？

小强说法

本案例的焦点是环境基金会是否有权要求污染环境的企业承担法律责任。

《民法典》规定，非法人组织是不具有法人资格，但是能够依法以自己的名义从事民事活动的组织。其实，环境基金会就属于这样的非法人组织。民事诉讼法规定了环境民事诉讼制度，明确法律规定的机关和有关组织可以提起环境公益诉讼。《最高人民法院关于审理环境民事公益诉讼案件适用法律若干问题的解释》进一步明确了对社会组织"专门从事环境保护公益活动"的判断标准，也就是说，社会组织章程确定的宗旨和主要业务范围是维护社会公共利益，且从事环境保护公益活动的，可以认定为环境保护法规定的"专门从事环境保护公益活动"。社会组织提起的诉讼所涉及的社会公共利益，应与其宗旨和业务范围具有关联性。

在本案例中，环境基金会作为非法人组织依据法律规定成立，它依法享有一定的权利以及应履行一定的义务，其宗旨和业务范围确实包含了维护环境公共利益，它从事的是环境保护公益活动，其所维护的环境公共利益与其宗旨和业务范围具有一定的关联性。因此，环境基金会完全有权利为保护环境公共利益而向人民法院提起诉讼，人民法院应支持其请求。

法典在线

《中华人民共和国民法典》第一百零二条　非法人组织是不具有法人资格，但是能够依法以自己的名义从事民事活动的组织。

非法人组织包括个人独资企业、合伙企业、不具有法人资格的专业服务机构等。

新法亮点

我国以前的民法中只有"其他组织"的概念，而没有非法人组织的概念。《民法典》采纳了"非法人组织"的概念，并明确了非法人组织的民事主体地位，规定其能够依法以自己的名义从事民事活动。

2 非法人组织的设立必须登记吗？

非法人组织的设立，应当依照法律的规定进行登记，登记为必须程序。进行登记，即可取得非法人组织的经营资格，未经登记，不具有经营资格。此外，对某一类非法人组织的设立，法律或者行政法规规定必须经过有关机关批准的，依照其规定。

精彩案例

王小强的二叔王常青与阿尔贝（法国）签订了一份转让协议，约定：王常青的王记饭店转让给阿尔贝，阿尔贝必须先支付15000元的订金，然后再在2周内支付85000元。之后，阿尔贝向王常青支付了15000元的订金。但是，该协议未办理审批手续。阿尔贝随后从友人处得知，外国公民未经允许不能受让中国内地个人独资企业。于是，阿尔贝要求王常青退还已付订金，但却遭到拒绝。无可奈何之下，阿尔贝向人民法院提起诉讼，要求解除与王常青签订的转让协议，返还订金。

请问，阿尔贝的诉讼请求能否得到人民法院的支持？

小强说法

本案例涉及的是非法人组织设立登记的相关法律规定。对某一类非法人组织的设立，还必须经过有关机关的批准才能设立。

外国公民受让中国内地个人独资企业后，该企业的性质就变成外资企业，此变更应该依法报请有关部门批准。在没有得到批准的情况下，该转让行为不符合法律规定，双方签订的协议是无效的。

在本案例中，王记饭店是中国内地的个人独资企业，外籍公民阿尔贝在从王常青处受让王记饭店后，王记饭店的性质从个人独资企业转为外资企业。此时，双方应该根据规定，对王记饭店的变更情况报请相关部门审查批准。在没有得到相关部门批准的情况下，王常青与阿尔贝签订的转让协议被认定是无效的，王常青应该返还阿尔贝支付的 15000 元的订金。

法典在线

《中华人民共和国民法典》第一百零三条　非法人组织应当依照法律的规定登记。

设立非法人组织，法律、行政法规规定须经有关机关批准的，依照其规定。

新法亮点

此条是对原民法通则第 33 条规定"个人合伙可以起字号，依法经核准登记，在核准登记的经营范围内从事经营"的概括与总结。《民法典》对于这些特定经济领域的各种法律临时应急措施，给予统一的概括规定。

3 非法人组织的财产不足以清偿债务时，责任谁承担？

非法人组织承担的是无限连带责任。也就是说，出资人或者设立人在非法人组织的债务超过了非法人组织拥有的财产时，在以非法人组织的财产清偿债务后，还应当以个人所有的其他财产来清偿非法人组织的债务。

刘友强的女儿刘真在父亲的支持下，开了一家布料厂。3年前，该布料厂与尚衣服装厂签订了合作协议，协议载明：布料厂为尚衣服装厂提供某材质的布料×万匹，尚衣服装厂交定金2万元，其余8万元款项半年后支付。可是，半年时间已过，尚衣服装厂的余款却迟迟未到账。

此后，刘真得知，尚衣服装厂原负责人吴军已将该厂转让给林媛媛。于是，刘真将尚衣服装厂起诉至人民法院，要求支付余款。但现尚衣服装厂的负责人林媛媛认为，转让时，尚衣服装厂的流动资金已不足以偿还布料厂的债务。所以，原负责人吴军也负有偿还债务的责任。

请问，在此种情形下，吴军是否要承担偿还责任？

小强说法

本案例涉及的是非法人组织承担无限连带责任的法律规定。

我国的个人独资企业具有独立的经营实体地位，但是企业财产实际上由投资人所有。所以，个人独资企业在清偿债务时，投资人可以以先投入企业的那部分财产清偿企业债务，如果不足以清偿债务，就应该以个人所有的其他财产来承担债务。当投资人将企业转让给他人时，新投资人应对转让前的债务承担责任，原投资人也应对债务承担连带责任。

在本案中，尚衣服装厂属于个人独资企业，虽然尚衣服装厂的名义投资人已经变更为林媛媛，但吴军作为原始投资人，在企业资金不足以清偿债务时，应当对企业转让前的债务承担连带责任。

法典在线

《中华人民共和国民法典》第一百零四条　非法人组织的财产不足以清偿债务的，其出资人或者设立人承担无限责任。法律另有规定的，依照其规定。

新法亮点

此条属于新增规定，明确规定非法人组织的责任是无限连带责任。承担非法人组织的债务主体是出资人或者设立人。

4 非法人组织解散的，是否要依法进行清算？

非法人组织因出资人或者设立人决定解散，又或者有其他解散事由而要求解散的，应当依法进行清算，依法清理非法人组织的债权债务。未依法完成清算程序，不得注销登记。

吴军转让尚衣服装厂后，与徐英签订了联合装修商场大厦的工程协议。这个协议对双方的出资、职务、利益分配、亏损等事项都进行了具体的约定。而后，吴军向合伙企业注入了 10 万元的投资款。工程刚一完工，吴军就要求徐英进行合伙清算并退还 10 万元的投资款。但是，徐英都以部分应收工程款没有足额到位为由予以拒绝。吴军遂向人民法院提起诉讼，要求徐英退还投资款及利息。

请问，吴军的请求能否得到人民法院的支持？

小强说法

本案例的焦点是合伙企业的法律关系已经终止，但是合伙财产还没有清算，在此种情形下，合伙人可否提出退还合伙投资款的要求。

合伙企业属于非法人组织，根据《民法典》的规定，非法人组织在解散前应当依法进行清算。也就是说，合伙人如果要解散合伙企业，应当依法对合伙时投入的财产、经营期间的财产（包括债权和债务）进行清算，清算完毕后，才能对合伙企业的财产进行分割。

在本案例中，吴军与徐英签订的工程协议，对各自的出资、利益分配等事项都进行了明确的规定，形成合伙企业。在合伙企业没有解散，且未依法进行清算程序时，吴军提出退还10万元投资款的要求，明显不符合法律规定，因此，人民法院将不予支持。

法典在线

《中华人民共和国民法典》第一百零七条　非法人组织解散的，应当依法进行清算。

珍惜**权利**，
我的权利**我做主**。

第
六
章

1 个人信息权是否受法律保护？

个人信息权，是指自然人依法对其本人的个人资料信息（包括户籍信息、身份证信息、工作信息、家庭信息等）所享有的支配并排除他人侵害的权利。

个人信息权具有三个主要特征：

（1）属于人格权。人格权是民事主体享有的生命权、身体权、健康权、姓名权、名称权、肖像权、名誉权、荣誉权、隐私权等权利。

（2）保护主体限定为自然人，即不包括法人或非法人组织。

（3）客体是个人的资料信息等人格要素。

王小强的堂弟王小东居住在华城小区，小区的物业公司准备成立业主委员会，王小东被选举为业主委员会成员。之后，小区的物业公司向所有业主发送了关于成立业

主委员会相关事宜的短信。短信涉及业主王小东的详细个人资料。同时，物业公司还在楼梯间和电梯的公告栏内张贴公告，该公告公开了王小东的姓名、家庭住址（包括家庭楼栋号、单元号、房号）、手机号、家庭座机电话号码和婚姻状况。王小东将这一情况告诉王小强，王小强认为，物业公司已经侵犯了王小东的个人信息权。于是，王小东将这家物业公司告上了法庭，要求其立即停止侵害，消除影响，赔礼道歉，承担精神赔偿责任。

请问，王小东的请求能得到人民法院的支持吗？

小强说法

本案例的焦点是物业公司未经允许私自公开业主个人信息，是否构成侵权。

《民法典》规定，任何组织或者个人在未经当事人允许的情况下，不得公开个人信息。在本案例中，王小东被选举为业主委员会成员，有必要公开相关的个人信息，如姓名、家庭住址、联系号码等，所以物业公司公开这些信息并不能构成侵权。但是，作为业主委员会成员，王小东并没有义务公开其家庭固定座机电话和婚姻状况等其他相关个人信息，而物业公司却未经本人同意予以公开，显然侵犯了王小东的个人信息权，所以物业公司应该以书面形式向其进行道歉。至于王小东主张的消除影响和精神赔偿，因为物业公司的公告中包含有王小东不愿意公开的个人信息，以及考虑到侵权后果比较轻微，并未对王小强造成严重的精神损害，因此，这两项主张人民法院不予支持。

法典在线

《中华人民共和国民法典》第一百一十一条　自然人的个人信息受法律保护。任何组织或者个人需要获取他人个人信息的，应当依法取得并确保信息安全，不得非法收集、使用、加工、传输他人个人信息，不得非法买卖、提供或者公开他人个人信息。

新法亮点

《民法典》增加了人格权的相关规定，其中就包括个人信息权。伴随大数据时代的到来，个人信息的泄露问题愈演愈烈，对个人信息进行保护已成为一种现实需要。将自然人的个人信息作为一种权利进行立法保护，这在一定程度上体现了民法的人本主义精神，且符合现代社会的实践需求。

《民 法 典》

姓名：小张

身份证号码：
110104xxxxxxxx

住址：
北京市xxxxxxxxx

电话号码：
131xxxxxxxx

电子邮箱：
12346@xxxxx

生物识别信息

健康信息

行踪信息

个人信息是受法律保护的，不得非法获取和使用。

2 民事主体的财产权利是否受法律保护?

《民法典》规定民事主体的财产权利受法律保护。这一规定的意思是不同的民事主体对其享有的财产权利享有平等地位,而且适用规则平等,法律保护平等。

王小东开办了一家蛤蜊养殖场。但是,棉纺二厂因排放污水导致王小东养殖场内的蛤蜊大量死亡。为此,王小东找来监测机构监测,得出这样的结论:棉纺二厂所排放的污水严重超标;蛤蜊的大量死亡是由养殖场的海域遭受污染引起的。但是,王小东因创办养殖场而申请领取的国家海域使用许可证已经过期,且无养殖证。

之后,王小东找王小强咨询。王小强认为,王小东为养殖而投入的部分属于合法财产应该受到法律的平等保护。所以，王小东向人民法院提起诉讼，要求棉纺二厂赔偿自己的经济损失。那么，没有养殖证和海域使用许可证的王小东提出的请求能否得到人民法院的支持？

小强说法

本案例的焦点是因他人排污致非法养殖人的养殖产品严重受损的，非法养殖人可否要求行为人承担损失。

在本案例中，棉纺二厂排放超标污水导致王小东的养殖产品大批量死亡，使其遭受严重的经济损失。依照法律规定，棉纺二厂应当赔偿王小东的损失。但是，王小东开办养殖场所获取的国家海域使用许可证已经过期，且无养殖证，其行为属于非法养殖，根据我国法律规定，非法养殖产生的收益不受法律保护。所以，王小东没有权利对养殖产生的收益部分要求棉纺二厂承担赔偿责任。但是，王小东为养殖而购买的养殖产品属于其合法财产，该部分财产应该受到法律的平等保护，所以棉纺二厂应当就王小东的该部分损失承担赔偿责任。

法典在线

《中华人民共和国民法典》第一百一十三条　民事主体的财产权利受法律平等保护。

新法亮点

民事主体财产权利平等保护的规定与《民法典》第3条关于"民事主体的人身权利、财产权利以及其他合法权益受法律保护，任何组织或者个人不得侵犯"的规定相呼应，特别强调法律对财产权利予以平等保护。其中，"平等"是重中之重。

3 什么是无因管理之债？无因管理人享有什么权利？

无因管理，是指没有法定义务或约定义务，为避免他人利益受损失而进行管理或者服务的行为。在这里，负责管理他人事务的人被称为管理人，事务被他人管理的人被称为本人或者受益人。

构成无因管理有3个条件：

（1）管理或者服务他人事务；

（2）没有法定的或者约定的义务；

（3）管理是为了避免他人利益遭受损失。

精彩案例

王小强的小学同学刘小龙受李雷雇用在一工程处做瓦工。其实，此工程是无施工资质的李雷从荣华材料厂承接的。荣华材料厂、李雷协议约定，荣华材料厂负有向施工工人提供安全的住宿条件的义务。可是，荣华材料厂、李雷安排刘小龙居住的员工宿舍十分简陋，一下雨屋顶就会漏雨。某天晚上，刘小龙因房屋漏雨而爬上屋顶进行修缮，却因屋顶瓦片断裂而摔伤。刘小龙找到王小强进行法律咨询，王小强认为荣华材料厂和李雷应该为此承担赔偿责任。所以，刘小龙将荣华材料厂和李雷告上了法庭，要求赔偿自己的各种损失。

请问，刘小龙的请求能否得到人民法院的支持？

小强说法

本案例的焦点是施工人员自行维修宿舍受伤，受益人是否应该给予适当的赔偿。

在本案例中，根据荣华材料厂、李雷协议约定，荣华材料厂应当为施工工人提供一个安全的住宿环境，即负有对施工工人的组织管理及安全保护义务。但是，他们安排施工工人居住的宿舍极其简陋且一下雨就会漏雨，由此可知此房屋没有达到安全居住条件要求。结果，刘小龙在修缮房屋时摔伤。荣华材料厂、李雷提供的宿舍没有达到安全居住条件，对刘小龙遭受人身损害存在过失。刘小龙本无义务修缮宿舍，但是其为了荣华材料厂、李雷的自身利益进行修缮，这种行为符合无因管理的构成要件，属于无因管理，荣华材料厂、李雷应对其遭受人身损害承担一定的赔偿责任。同时，由于刘小龙本人没有对自己的安全采取必要的防范措施，对事故的发生也存在一定过错，所以可以适当地减轻荣华材料厂与李雷的赔偿责任。

法典在线

《中华人民共和国民法典》第一百二十一条 没有法定的或者约定的义务，为避免他人利益受损失而进行管理的人，有权请求受益人偿还由此支出的必要费用。

4 什么是知识产权？未成年人是否享有知识产权？

知识产权作为一种无形财产权，是指民事主体基于其创造性智力成果和工商业标记而依法产生的专有民事权利的统称。包括人身权利和财产权利两大部分，如署名权和修改权都属于人身权。未成年人作为民事主体，依法享有知识产权。

精彩案例

王小强的大学老师霍教授设计了一个玉雕作品《春》，他将此作品在某杂志上发表。后来，霍教授发现玉林阁雕塑厂对其玉雕作品《春》进行了剽窃设计，并批量制作成玉雕产品在市场上大肆出售。对此，霍教授十分生气，他将玉林阁雕塑厂起诉至人民法院，要求赔偿损失。

请问，玉林阁雕塑厂是否应当赔偿霍教授的损失？

小强说法

本案例涉及的是知识产权的相关法律规定。

在本案例中，玉林阁雕塑厂的玉雕作品构成了对霍教授玉雕作品《春》的剽窃，其作品属于霍教授玉雕作品《春》的复制件，玉林阁雕塑厂的行为严重侵犯了霍教授的知识产权，霍教授有权要求对方停止侵权并赔偿经济损失。

法典在线

《中华人民共和国民法典》第一百二十三条 民事主体依法享有知识产权。

知识产权是权利人依法就下列客体享有的专有的权利：

（一）作品；

（二）发明、实用新型、外观设计；

（三）商标；

（四）地理标志；

（五）商业秘密；

（六）集成电路布图设计；

（七）植物新品种；

（八）法律规定的其他客体。

5 法律是如何保护数据和网络虚拟财产的?

数据是记录及存储信息的数字或文字等物理符号,可分为原生数据和衍生数据。网络虚拟财产,是指虚拟的网络本身以及存在于网络上的具有财产性的电磁记录,包括电子邮箱账号、微信公众号、淘宝账户、抖音账户、网络游戏账号及积累的"货币""装备"等。

刘小龙注册某网络游戏,成为该网络游戏用户。在充值的时候,刘小龙经常让销售人员帮自己充。不巧的是,他丢失了记录游戏密码和邮箱的记事本。后来,刘小龙在网吧上网时发现游戏账号被盗,经清点发现其拥有的全部金币和部分游戏装备及道具丢失。刘小龙联系了这家网络公司,要求其恢复自己丢失的金币和游戏装备，但遭到了拒绝。网络公司的记录显示：刘小龙账号中的虚拟财产的转移属于正常交易行为，刘小龙账户被盗，网络公司并没有责任。那么，网络公司究竟是否应该为刘小龙虚拟财产损失承担民事责任呢？

在本案例中，丢失记录密码的记事本、让他人代为充值……这些行为都有可能造成其账户与密码的泄露，所以刘小龙本人存在一定过错。而网络公司已经证明刘小龙账号中的虚拟财产的转移属于正常交易行为，刘小龙遭受的财产损失并不是因网络公司违反义务而造成的，因此，网络公司不应对刘小龙的虚拟财产损失承担民事责任。

法典在线

《中华人民共和国民法典》第一百二十七条 法律对数据、网络虚拟财产的保护有规定的，依照其规定。

《中华人民共和国民法典》第一千一百九十四条 网络用户、网络服务提供者利用网络侵害他人民事权益的，应当承担侵权责任。法律另有规定的，依照其规定。

《中华人民共和国民法典》第一千一百九十五条　网络用户利用网络服务实施侵权行为的，权利人有权通知网络服务提供者采取删除、屏蔽、断开链接等必要措施。通知应当包括构成侵权的初步证据及权利人的真实身份信息。

网络服务提供者接到通知后，应当及时将该通知转送相关网络用户，并根据构成侵权的初步证据和服务类型采取必要措施；未及时采取必要措施的，对损害的扩大部分与该网络用户承担连带责任。

权利人因错误通知造成网络用户或者网络服务提供者损害的，应当承担侵权责任。法律另有规定的，依照其规定。

新法亮点

随着互联网大数据时代的到来，数据和网络虚拟财产的价值也愈发凸显，为适应互联网时代的发展，突出对数据、网络虚拟财产的保护，《民法典》对此作了明确规定，突出了法律对数据和网络虚拟财产的重视，满足了社会发展的时代性需求。

"规范"**行为，**
有所为**有所不为**。

第
七
章

1 什么是民事法律行为?

民事法律行为是民事主体通过意思表示设立、变更、终止民事权利和民事义务关系的行为。具体来看，民事法律行为包括合同行为、婚姻行为、遗嘱行为等。

民事法律行为具有以下几个特征:

(1)是自然人、法人或非法人组织实施的法律行为。

(2)以设立、变更、终止民事法律关系为目的。

(3)是民事主体的意思表示，即按照自己的意愿作出的。

刘小龙经人介绍与杨雪结为夫妻，结婚后，二人经常因琐事发生争吵，杨雪向人民法院提出离婚申请，刘小龙也表示同意离婚。婚前，刘小龙购买了一

套高档住宅和一辆宝马轿车。结婚后，二人签订"保婚"协议，约定上述房子和轿车为夫妻共有财产，并注明如果杨雪提出离婚，此协议则无效。2年后，杨雪向人民法院起诉，要求离婚并分割夫妻共有财产。那么，婚内的"保婚"协议是否有效？杨雪的申请能否得到人民法院的支持？

小强说法

本案例涉及的是民事行为的相关法律规定。

在本案例中，杨雪和刘小龙签订的"保婚"协议是二人根据自己的意思表示作出的调整二人财产关系的行为，属于民事法律行为。二人就刘小龙婚前购买的房子和车子为夫妻共同财产达成意思表示的一致，因此该协议成立。

在当时，签订协议的双方都具有完全民事行为能力。协议由其二人亲自签字认可，协议签订后二人共同生活近两年时间，刘小龙也没有证据证明杨雪存在欺诈、胁迫等情况，所以该协议内容应该是双方真实意思表示。而且，该协议中"约定上述房子和轿车为夫妻共有财产"的内容，既不违反法律、行政法规的效力强制规定，也不违背公序良俗。所以，该条款符合民事法律行为的一般生效要件，应该被视为有效。但"如果杨雪提出离婚，此协议则无效"的约定，违反了法律规定，无法得到人民法院的支持。

法典在线

《中华人民共和国民法典》第一百三十三条　民事法律行为是民事主体通过意思表示设立、变更、终止民事法律关系的行为。

新法亮点

《民法典》第 133 条源于原民法通则第 54 条。与原民法通则的规定相比，《民法典》第 133 条将"公民、法人"改为"民事主体"，弥补了行为人范围的不足，将行为规定为自然人、法人和非法人组织。同时，该条增加了意思表示要素，采取通过意思表示设立、变更、终止民事权利和民事义务的表述，定义更为精准。

2 基于重大误解实施的民事法律行为能否被撤销？

基于重大误解实施的民事法律行为，是指行为人即表意人对自己所要实施的民事法律行为有关的重大事项发出错误的意思表示，该错误的意思表示被相对人受领并因此给错误方当事人造成损失的行为。

精彩案例

杨雪开了一家大型手机店。有一次，雇员小孙因为疏忽，竟然将1万元的手机以1000元卖出。原来，小孙在陈列登记时误将售价写为1000元。杨雪发现此事后，立马与购买人王向阳取得联系，要求归还手机，但遭到了对方的拒绝。杨雪找王小强咨询后，向人民法院提起诉讼，要求撤销该手机买卖合同。那么，杨雪的请求能否得到人民法院的支持？

小强说法

本案例的焦点是基于重大误解实施的民事法律行为能否被撤销。

在本案例中，由于手机店工作人员小孙在对该手机进行陈列登记时粗心大意，误将1万元写为1000元，因此，手机店将该手机以1000元的价格卖给王向阳，构成重大误解。《民法典》规定，基于重大误解实施的民事法律行为，行为人有权请求人民法院或者仲裁机构予以撤销。由此可见，在构成重大误解的情形下，手机店完全可以要求人民法院撤销该民事法律行为。也就是说，杨雪完全可以要求王向阳归还高价手机。

法典在线

《中华人民共和国民法典》第一百四十七条 基于重大误解实施的民事法律行为，行为人有权请求人民法院或者仲裁机构予以撤销。

3. 以欺诈手段实施的民事法律行为能否被撤销？

以欺诈手段实施的民事法律行为，是指一方当事人故意告知对方虚假情况，或者故意隐瞒真实情况，诱使对方当事人作出错误意思表示，并意欲从对方当事人因受欺诈而导致的损失中获益的行为。

王小强的妻子乔雨到翠华玉石店购买玉石产品，店主李杰向她出示定鉴定证书，该证书载明翠华玉石店的玉石产品都属于真品。乔雨看过证书后，向李杰购买了价值10万元的玉石产品。可是，乔雨的同学林美然是珠宝玉石质检中心的工作人员，经她鉴定，乔雨购买的玉石产品都是假冒伪劣产品。于是，乔雨将李杰起诉至人民法院，要求他归还自己已支付的钱款。

请问，以欺诈手段实施的民事法律行为能否被撤销？

小强说法

在本案例中，李杰为了出售自己的商品，故意告知对方虚假情况并伪造鉴定证书，使乔雨在违背自己真实意思的情况下实施购买行为，李杰出卖假冒伪劣产品给乔雨的行为属于欺诈行为。根据《民法典》的规定，以欺诈手段实施的民事法律行为是可以被撤销的。所以，乔雨完全可以要求人民法院撤销该行为，并索要自己已经支付的10万元，而李杰必须返还钱款。

法典在线

《中华人民共和国民法典》第一百四十八条　一方以欺诈手段，使对方在违背真实意思的情况下实施的民事法律行为，受欺诈方有权请求人民法院或者仲裁机构予以撤销。

4 附条件的民事法律行为，自何时生效或者失效？

附条件的法律行为，是指当事人在法律行为中规定特别条件的民事法律行为，附条件的目的是以所附的条件来确定或者限制法律行为的效力。一般意义上，大多数民事法律行为都可以附条件，但婚姻、收养等性质的民事法律行为不得附条件。

乐乐在博才中学初中部上学，由于乐乐学习成绩优秀，学校给其颁发了一张奖状，并在上面注明："如果乐乐同学在初三毕业填报志愿时，第一志愿填报博才中学后，我校再将乐乐同学的奖学金发给本人。"后来，乐乐的父亲王小强和继母薛丽在家长签名栏内签字。可是，乐乐在初三毕业填报志愿时，第一志愿并没有填报博才中学，而是填报了其他学校。因此，博才中学没有支付乐乐的奖学金。针对此事，王小强和薛丽持相反意见，薛丽认为，博才中学应该支付奖学金，但王小强认为博才中学没有理由支付。

请问，薛丽和王小强的主张，哪个符合法律规定？

小强说法

本案例涉及的是附条件的法律行为的相关规定。

在本案例中，博才中学向乐乐作出发放附条件奖学金的规定，前提是乐乐在初三填报志愿时，第一志愿必须填报博才中学，此后乐乐父母也对该条件进行确认签字，即认可了此项附条件的民事行为。可是，乐乐在填报志愿时，并没有将博才中学作为第一志愿，也就是说，博才中学规定的附条件并未成就，这时学校承诺颁发奖学金的民事法律行为未生效。因此，博才中学无需向乐乐支付奖学金。

法典在线

《中华人民共和国民法典》第一百五十八条　民事法律行为可以附条件，但是根据其性质不得附条件的除外。附生效条件的民事法律行为，自条件成就时生效。附解除条件的民事法律行为，自条件成就时失效。

真诚**代理，**
双赢才是**硬道理。**

第

八

章

1 什么是代理？有哪几种代理方式？

代理，是指代理人在代理权范围内，以被代理人的名义独立实施的、法律效果直接归属于被代理人的法律行为。其中，以被代理人的名义实施民事法律行为的人是代理人，通过代理人实施民事法律行为的人是被代理人，又称为本人。

代理包括委托代理和法定代理。委托代理，是指基于被代理人的委托授权而发生代理权的代理，法定代理，是指依据法律规定而产生代理权的代理。

王小强的同学林玉是林子祥的养女。在林子祥去世后，林玉与两个哥哥林强、林刚在林子祥的电脑中发现一份"遗嘱"，遗嘱落款并没有本人签名和日期，遗嘱中就遗产分割作了分配，其中，林刚和林强二人

几乎得到了全部家产，包括房子、车子、存款。而林玉只得到一些老旧的家具。林玉认为此份遗嘱不公平，但林刚和林强都认为这是父亲的真实意思表示，应该按照这份遗嘱处置遗产。林玉将此事告诉王小强，王小强认为电脑中的文字不能证明系林子祥亲笔所写，所以不能认定为遗嘱。于是，林玉向人民法院提起诉讼，要求按法定继承分割林子祥的遗产。

请问，输入电脑中的遗嘱能否被认定为自书遗嘱？

本案例涉及的是不得代理的民事法律行为的相关规定。《民法典》规定，依照法律规定、当事人约定或者民事法律行为的性质，应当由本人亲自实施的民事法律行为，不得代理。自书遗嘱就属于不得代理的范围。

根据《民法典》的规定，自书遗嘱必须由遗嘱人亲笔书写，而且必须有本人签名，并注明年、月、日，这样才能算是有效的自书遗嘱。在本案例中，林子祥电脑里的遗嘱并没有证据证明为其本人所写，而且也没有遗嘱人亲笔签名和日期，所以林子祥的这份遗嘱不能被认定为自书遗嘱。因此，林玉要求按法定继承分割林子祥遗产的主张，人民法院应予以支持。

法典在线

《中华人民共和国民法典》第一百六十一条　民事主体可以通过代理人实施民事法律行为。

依照法律规定、当事人约定或者民事法律行为的性质，应当由本人亲自实施的民事法律行为，不得代理。

《中华人民共和国民法典》第一千一百三十四条　自书遗嘱由遗嘱人亲笔书写，签名，注明年、月、日。

2 代理人和相对人恶意串通损害被代理人利益，责任谁承担？

什么是代理人和相对人恶意串通损害被代理人的利益？是指在代理人为了牟取不正当利益，在履行代理职责期间利用代理权，与相对人恶意串通，实施损害被代理人合法权益的行为。

此内容主要包括4点：

（1）行为发生在代理人与相对人之间。

（2）主观上存在损害被代理人合法权益的故意。

（3）以牟取不当利益为目的。

（4）给被代理人的人身和财产权益造成了一定程度的损害。

王小强与大华律师事务所约定，由大华律师事务所作为民间借贷纠纷案的代理人，该律师事务所指派

陈心兰担任王小强的代理人。可是，该事务所又指派另一名律师肖莫菲担任同一案件中的对方的代理人。后来，王小强得知这一情况后，他认为双方代理可能会存在恶意串通的情形，所以将大华律师事务所告上了法庭，要求其承担一定的法律责任。

请问，一家律师事务所同时派两名律师分别担任双方的代理人的行为是否违法，是否要承担法律责任？

小强说法

本案例的焦点是诉讼代理人是否存在恶意串通行为导致非常严重地损害被代理人的利益。

由于代理人在代理权限内实施的法律行为的法律效果是由被代理人来承担的，而且这一拘束力是不可抗拒的，具有强大的法律效力，所以代理人在实施代理行为时一定要坚守诚实信用的原则。如果代理人与相对人恶意串通，故意损害被代理人的利益，需要承担一定的民事责任。在本案例中，大华律师事务所指派两名律师分别担任同一起案件的对立双方的代理人，有可能会出现双方代理人恶意串通的情况，因此与受害者的诉讼利益受损有着直接的关系，所以王小强可以要求与大华律师事务所解除委托代理关系，退还律师费。此外，若该律师事务所的两位代理人确实存在恶意串通的情形，应当适当地赔偿王小强所受的经济损失。

法典在线

《中华人民共和国民法典》第一百六十四条　代理人不履行或者不完全履行职责，造成被代理人损害的，应当承担民事责任。

代理人和相对人恶意串通，损害被代理人合法权益的，代理人和相对人应当承担连带责任。

新法亮点

此条是关于代理关系中代理人不当行为的责任承担规定。与原民法通则相比，本条作出了适当修改：其一，总则增加代理人不完全履行职责，造成被代理人损害，必须承担责任的规定；其二，总则采用相对人而不是第三人的概念；其三，总则规定的代理人和相对人之间恶意串通，而不是一般意义上的串通；其四，承担连带责任的是代理人和相对人，而不是代理人和第三人。

3 代理违法仍然实施代理行为的如何承担责任？

代理违法分两种，即代理事项违法和代理行为违法。代理事项违法，是指代理人知道或者应当知道代理的事项违法仍然实施的代理行为。代理行为违法，是指被代理人知道或者应当知道代理人的代理行为违法而未作反对表示的代理行为。

林玉是置业公司的总经理，她与华鑫中学签订合同约定：华鑫中学提供土地，由置业公司用该土地建设华鑫中学教师住宅楼。而华鑫中学提供的土地是由金玲玲以学校名义向华鑫街道办事处征用的，双方约定：金玲玲征用华鑫街道办事处土地共10亩，用于建设华鑫中学教师楼项目建设。可是，由于华鑫中学教师建设项目没有得到国家的批准，导致林玉与华鑫中学签订的合同无法履行。为此，林玉向王小强进行法律咨询后，将金玲玲和华鑫中学一起告上了法庭。

请问，金玲玲和华鑫中学是否应当赔偿置业公司的损失？

小强说法

本案例的焦点是金玲玲和华鑫中学之间的代理行为是否属于违法代理。

在本案例中，华鑫中学授权委托金玲玲私自征用土地并未取得建设用地规划许可，属于违法事项。而且，金玲玲明知属于违法行为，但在代理过程中没有明确表示反对，属于违法代理。根据《民法典》规定，代理人知道或者应当知道代理的事项违法仍然实施，代理行为的被代理人和代理人应当承担连带责任。所以，置业公司与华鑫中学签订的合同无效，金玲玲与华鑫中学都应该对置业公司的损失承担连带责任。

法典在线

　　《中华人民共和国民法典》第一百六十七条　代理人知道或者应当知道代理事项违法仍然实施代理行为，或者被代理人知道或者应当知道代理人的代理行为违法未作反对表示的，被代理人和代理人应当承担连带责任。

4 什么是无权代理？

无权代理，是指行为人不具有代理权、超越代理权或者代理权终止后仍然实施的代理行为，包括3种情形：

（1）无代理权的代理。即行为人未经被代理人的任何委托授权，而以代理人的名义实施的代理行为。

（2）超越代理权的代理。即超出被代理人的委托授权范围而实施的代理行为。

（3）代理权终止后的代理。即代理权因丧失或代理期届满等原因终止后依然实施的代理行为。

林玉与段枫签订了一份房屋买卖合同。双方约定，林玉应在签订合同3天内将130万元交付段枫。合同签订当日，林玉先向段枫支付了5万元的定金。后来，林玉发现段枫的行为没有征得其被代理人许平

的同意，也没有得到其追认。于是，她向段枫提出退
还5万元定金的要求，却遭到了拒绝。林玉找王小强
咨询，王小强建议她起诉段枫。于是，林玉将段枫告
上了法庭。那么，段枫的行为是否违法，林玉是否能
要回5万元定金？

小强说法

本案例的焦点是代理人未征得被代理人的允许与
同意，私自以其名义签订买卖合同，是否有效。

在本案例中，段枫与林玉签订房屋买卖合同时并
没有得到被代理人许平的同意，事后也没有得到被代
理人许平的追认。《民法典》规定，代理人在代理权
限内以被代理人名义实施的民事法律行为对被代理
人发生效力，也就是说，代理人不在代理权限内以被
代理人名义实施的民事法律行为不对被代理人发生效
力。但是，由于段枫的行为没有得到被代理人的同意
与追认，所以段枫以其名义实施的民事法律行为对被
代理人没有发生法律效力。也就是说，段枫与林玉签
订的房屋买卖合同也不对许平产生法律效力。《民法
典》同时规定，如果代理人实施的代理行为没有被追

认，善意相对人有权请求代理人履行债务或者就其受到的损害请求赔偿。所以，林玉因此遭受的损失应该由段枫来承担，林玉完全可以向人民法院提出相关诉讼请求。总而言之，段枫没有经过被代理人同意私自出售其名下房产是违法的，林玉要求退还5万元定金的行为应该得到人民法院的支持。

法典在线

《中华人民共和国民法典》第一百七十一条　行为人没有代理权、超越代理权或者代理权终止后，仍然实施代理行为，未经被代理人追认的，对被代理人不发生效力。

相对人可以催告被代理人自收到通知之日起三十日内予以追认。被代理人未作表示的，视为拒绝追认。行为人实施的行为被追认前，善意相对人有撤销的权利。撤销应当以通知的方式作出。

行为人实施的行为未被追认的，善意相对人有权请求行为人履行债务或者就其受到的损害请求行为人赔偿。但是，赔偿的范围不得超过被代理人追认时相对人所能获得的利益。

相对人知道或者应当知道行为人无权代理的，相对人和行为人按照各自的过错承担责任。

5 离职员工以公司名义人出具赔偿函，是否构成表见代理？

表见代理，是指没有代理权的代理人，其行为足以使第三人相信其具有代理权，并因此与善意第三人实施法律行为的代理。构成表见代理必须具备以下几个要件：

（1）行为人没有代理权。

（2）从客观上来讲，行为人使相对人相信其具有代理权。

（3）相对人与无权代理人成立法律行为。

（4）相对人主观上为善意（不知道或不应该知道被代理人并无代理权）且无任何过失。

精彩案例

段枫是美达服装加工厂破产管理人，在对公司资产进行清算时，段枫发现米索服装有限公司欠美达服装加工厂一笔加工费未结清。经过调查发现，美达服装加工厂原业务经理高雷曾出具赔偿函，里面明确承认针对米索服装有限公司的订单，在选用材料上存在以次充好的质量问题，同意免去米索服装有限公司该笔订单的加工费，落款注明了日期。经查明，这份赔偿函是高雷离职后出具的，并未获得因质量问题对外赔偿的授权，而且落款的日期可以看出有作假痕迹。于是，段枫对米索服装有限公司提起诉讼，要求其支付所欠的加工费及逾期付款利息。

请问，段枫的请求能否得到人民法院的支持？

小强说法

本案例的焦点问题是高雷的行为是否属于表见代理。

在本案例中，美达服装加工厂的业务经理高雷在未获得因质量问题对外赔偿的授权并已经离职的情况下，向米索服装有限公司出具赔偿函的行为，构成无权代理。另外，高雷出具的赔偿函的日期系作假，所以该赔偿函不具有真实性。米索服装有限公司无法证明其有理由相信高雷具有代理权。因此，高雷的行为不构成表见代理，其出具的赔偿函对美达服装加工厂不具有约束力。也就是说，高雷向米索服装有限公司出具的赔偿函是没有法律效力的。

因此，美达服装加工厂向米索服装有限公司要求支付所欠加工费及逾期付款利息是合理合法的，但是由于其加工的布匹确实存在质量问题，所以美达服装加工厂也应该对此进行相应的赔偿。

法典在线

《中华人民共和国民法典》第一百七十二条　行为人没有代理权、超越代理权或者代理权终止后，仍然实施代理行为，相对人有理由相信行为人有代理权的，代理行为有效。

新法亮点

本条是借鉴原合同法第49条"行为人没有代理权、超越代理权或者代理权终止后以被代理人名义订立合同，相对人有理由相信行为人有代理权的，该代理行为有效"修改而成的。表见代理的核心是行为人属于无权代理，但相对人有理由相信其属于有权代理，那么，该代理行为可以认定为有效。

勇于**负责**，
不为"过失"找借口。

第
九
章

1 什么是民事责任？民事责任都有哪些承担方式？

民事责任，是指民事主体不履行或者不完全履行民事义务所应依法承担的不利后果。如违约责任、侵权责任等。民事责任是保护民事权利的一种手段，它体现了国家对违法行为进行追究的强制力。

一天傍晚，段枫驾驶摩托车行至中途时发生了车祸。由于车祸严重，段枫右股骨中段、右胫腓骨等6处骨折。很快，医生在其骨折的地方植入钢板。几个月后，段枫出院回家卧床休息。可是有一天，段枫感觉植入钢板的右小腿十分疼痛。于是，他来到医院拍了X片，结果是：植入的钢板发生了断裂。

段枫出车祸后，单位与他解除了劳动关系，而且，妻子也与他离了婚。段枫认为，自己遭遇的一连串不幸，医院应该承担责任，于是起诉了该医院，要求其赔偿自己的所有损失。

请问，针对段枫的物质损失和精神损失，医院有赔偿责任吗？

小强说法

本案例的焦点是医院是否应当承担相应的赔偿责任。

在本案例中，段枫因为植入体内的钢板断裂而饱受了巨大的痛苦，不仅身体没有在预期内得到恢复，失去了工作，还间接导致了家庭破裂。根据《民法典》的相关规定，患者因为医疗机械的缺陷造成自身损害是可以向其生产者及医疗机构要求赔偿的。所以，段枫完全可以要求医院赔偿自己的物质损失和精神损失。此外，他也可以向钢板的生产厂家要求赔偿。

法典在线

《中华人民共和国民法典》第一百七十六条　民事主体依照法律规定或者按照当事人约定，履行民事义务，承担民事责任。

《中华人民共和国民法典》第一百七十九条　承担民事责任的方式主要有：

（一）停止侵害；

（二）排除妨碍；

（三）消除危险；

（四）返还财产；

（五）恢复原状；

（六）修理、重作、更换；

（七）继续履行；

（八）赔偿损失；

（九）支付违约金；

（十）消除影响、恢复名誉；

（十一）赔礼道歉。

法律规定惩罚性赔偿的，依照其规定。

本条规定的承担民事责任的方式，可以单独适用，也可以合并适用。

《中华人民共和国民法典》第一千一百八十三条　侵害自然人人身权益造成严重精神损害的，被侵权人有权请求精神损害赔偿。

因故意或者重大过失侵害自然人具有人身意义的特定物造成严重精神损害的，被侵权人有权请求精神损害赔偿。

《中华人民共和国民法典》第一千二百二十三条　因药品、消毒产品、医疗器械的缺陷，或者输入不合格的血液造成患者损害的，患者可以向药品上市许可持有人、生产者、血液提供机构请求赔偿。患者向医疗机构请求赔偿的，医疗机构赔偿后，有权向负有责任的药品上市许可持有人、生产者、血液提供机构追偿。

2 什么是按份责任?

按份责任,是指多个责任人按照约定或者法律规定,对同一个责任按照不同的份额进行承担的民事责任。

责任人按自己的份额向债权人承担清偿责任,责任人间不存在连带关系。就同一债务,责任人只需承担自己的特定份额,无须对其他人的份额负责。

按份责任分为 2 种情形:

(1)如果能够确定责任大小,则各自按照各自的责任份额来承担相应的责任。

(2)如果难以确定责任大小,则平均承担责任。

王小强在鑫鑫浴池洗澡时摔倒,脚踝等多处软组织受伤,卧床月余,花费医疗费近万元。卧床其间,浴池负责人并没有前来协商赔偿事宜。后经打听,王小强得知鑫鑫浴池是林祖辉所建。后来,他将浴池承包给了华风。于是，王小强将林祖辉和华风一起告上了法庭，要求他们赔偿自己的经济损失。

请问，在这起意外事故中，林祖辉、华风和王小强是否要按照各自过错的大小承担相应的责任？

小强说法

本案例涉及的是按份责任的相关法律规定。

在本案例中，王小强在鑫鑫浴池洗澡，他与华风构成洗浴服务合同关系，华风负有保障王小强人身与财产安全的义务。可是，王小强摔伤则说明华风并没有尽到安全保障义务，对损害结果存在一定的过错。而林祖辉对浴池享有经营利益，所以他对王小强的损害也应当进行一定的赔偿。此外，王小强本人在洗浴过程中未尽到安全注意义务。根据《民法典》关于按份责任的相关规定，对于这起事故，浴池业主、承包者、受害人都应该为自己的过失承担一定的责任。

法典在线

《中华人民共和国民法典》第一百七十七条　二人以上依法承担按份责任，能够确定责任大小的，各自承担相应的责任；难以确定责任大小的，平均承担责任。

3 什么是连带责任?

连带责任,是指因违反连带债务或者依照法律的直接规定,2个以上的义务人连带地向权利人承担责任。

连带责任有以下一些特点:

(1)需要有2个或2个以上义务人,一人则不存在连带责任。

(2)由法律规定或当事人之间的约定而产生。

(3)权利人有权要求连带责任人中的一人或数人承担全部责任。

华风与好友刘军到林邺家聊天时,刘军发现林邺有一把自制手枪,便好奇地拿起来把玩,结果,一不小心扣动扳机将华风打倒在地上,华风当场死亡。华

风的父母得知消息后，将刘军、林邺告上了法庭，要求他们为此承担责任。

请问，刘军和林邺是否要对华风的死亡承担连带责任？

小强说法

本案例的焦点是刘军在把玩林邺非法持有的手枪时误伤华风，致其当场身亡，刘军和林邺是否要对华风的死亡承担连带责任。

在本案例中，林邺将非法持有的手枪放在室内，结果被刘军发现，以致其在把玩时扣动扳机，造成华风死亡。虽然他们并没有使用手枪杀害他人的共同故意和共同过失，但是华风的死亡却是由于非法私藏枪支和擅自把玩枪支引起的，且林邺与刘军是头脑清醒的成年人，他们很清楚手枪有致人死亡的危险性，所以，他们应当对华风的死亡承担连带赔偿责任。根据《民法典》关于连带责任的相关规定，华风的父母有权要求林邺与刘军承担连带侵权责任，也可要求林邺或刘军其中一人承担全部侵权责任。

法典在线

《中华人民共和国民法典》第一百七十八条 二人以上依法承担连带责任的，权利人有权请求部分或者全部连带责任人承担责任。

连带责任人的责任份额根据各自责任大小确定；难以确定责任大小的，平均承担责任。实际承担责任超过自己责任份额的连带责任人，有权向其他连带责任人追偿。

连带责任，由法律规定或者当事人约定。

4 因不可抗力而无法履行义务是否要承担民事责任?

不可抗力, 是指不能预见、不能避免且不能克服的客观情况, 包括自然原因 (如地震、台风、洪水、海啸等) 和社会原因 (如战争等)。

不可预见, 是指民事法律行为成立时对于未来发生的不可抗力事件, 根据现有认识水平和认知能力人们无法对其预料和发现。不能避免和不能克服, 是指未来所发生的事件具有必然性和不可控制性, 即对于该事情的发生, 现有技术无法阻止, 对于其造成的危害后果也不能控制和克服。

精彩案例

王小星与艾琳签订了一份房地产买卖合同, 双方约定: 艾琳将华鑫小区的房屋转让给王小星, 转让价格为 42 万元。王小星先付定金 2 万元, 剩余 40 万元分两次支付：王小星在双方转名当天支付 8 万元，剩余 32 万元等王小星在银行办理按揭后，由银行将剩余金额转账给艾琳。王小星在签约当天就给艾琳支付了 2 万元的定金，但银行因国家房贷政策调整，没有向王小星提供贷款，导致上述合同无法履行。王小星请教王小强，王小强认为，王小星可以向艾琳提出解除合同，并要求返还已支付的款项。于是，王小星要求与艾琳解除合同。那么，王小星的行为是否构成违约？

小强说法

本案例的核心问题是，因国家银行政策的调整而无法办理贷款是否属于不可抗力。

在本案例中，王小星与艾琳签订房地产买卖合同，约定王小星向艾琳支付定金后，并在双方转名当天支付 8 万元，剩余部分在银行办理按揭贷款由银行转账给艾琳。此后，王小星因国家房贷政策的调整，未能办理按揭贷款，无法向艾琳支付剩余钱款。因为房贷政策的调整属无法预见、不能避免且不能克服的客观情况，属于不可抗力，根据"因不可抗力不能履行民事义务的，不承担民事责任"的规定，王小星并不承担违约责任。

此外，根据《民法典》的规定，在合同成立时，如果发生当事人无法预见的、不属于商业风险的重大变化，无法继续履行合同，是可以要求变更或者解除合同的。银行房贷政策调整是购房人订立房屋买卖合同时所无法预见的、不属于商业风险的重大变化，如果要求王小星继续履行合同对其明显不公平，所以王小星请求解除合同是合法合理的，其行为并不构成违约。

法典在线

《中华人民共和国民法典》第一百八十条　因不可抗力不能履行民事义务的，不承担民事责任。法律另有规定的，依照其规定。

不可抗力是不能预见、不能避免且不能克服的客观情况。

《中华人民共和国民法典》第五百三十三条　合同成立后，合同的基础条件发生了当事人在订立合同时无法预见的、不属于商业风险的重大变化，继续履行合同对于当事人一方明显不公平的，受不利影响的当事人可以与对方重新协商；在合理期限内协商不成的，当事人可以请求人民法院或者仲裁机构变更或者解除合同。

人民法院或者仲裁机构应当结合案件的实际情况，根据公平原则变更或者解除合同。

新法亮点

将不可抗力的概念与免责适用归于同一条文中，使整个体系更加完善。在适用时需要注意的是，除法律明确规定要承担责任外，因不可抗力致使不能履行义务的不必承担责任。

5 因正当防卫造成损害的，是否要承担民事责任？

正当防卫，是指当公共利益、他人或本人的人身或者其他利益遭受不法侵害时，行为人所采取的防卫措施。

构成正当防卫需要具备以下几个条件：

（1）必须存在侵害事实；

（2）侵害正在进行；

（3）侵害必须是违法的；

（4）必须以合法防卫为目的；

（5）防卫必须针对加害人本人；

（6）防卫不能超过一定的限度。

某天，乔雨下班回到家时发现有盗贼进入，乔雨大喊"抓贼"，盗贼刘伟慌忙逃出。跑到楼梯口时，

被乔雨丈夫王小强和邻居许芳拦下。此时，李秀雅听到喊声，也赶过来帮忙，最终三人合力将刘伟控制住。随后，乔雨拨打了110，民警将刘伟带到派出所调查。第二天，刘伟被诊断为左腿骨折。刘伟认为自己受伤是因为王小强、许芳、李秀雅三人殴打所致，所以他将三人起诉至人民法院，要求赔偿医疗费。

请问，偷盗人刘伟的要求能得到人民法院的支持吗？

小强说法

本案例的焦点是王小强、许芳、李秀雅三人的行为是否构成正当防卫，是否要承担责任。

根据刑法第20条第1款的规定："为了使国家、公共利益、本人或者他人的人身、财产和其他权利免受正在进行的不法侵害，而采取的制止不法侵害的行为，对不法侵害人造成损害的，属于正当防卫，不负刑事责任。"所以，王小强的行为是采取制止不法侵害的行为，对不法侵害人造成了损失，属于正当防卫，不负刑事责任及民事责任。

根据刑事诉讼法第84条的规定，对于正在实行犯罪或者在犯罪后即时被发觉的、通缉在案的、越狱逃跑的、正在被追捕的几类人，任何公民都可以立即扭送公安机关、人民检察院或者人民法院处理。在本案例中，许芳和李秀雅的行为即属于第一种情形，两人在得知刘伟正在实施犯罪时积极协助受害人将其制服，属于法律规定的公民权利和义务，应该认定为见义勇为。见义勇为在我国是受保护并予以鼓励的行为，通常情况下不需要承担相关责任。

法典在线

《中华人民共和国民法典》第一百八十一条　因正当防卫造成损害的，不承担民事责任。

正当防卫超过必要的限度，造成不应有的损害的，正当防卫人应当承担适当的民事责任。

我的眼睛!!

正当防卫造成的损害，
不承担民事责任。

6 因紧急避险造成损害的，如何承担责任？

紧急避险，是指为了社会公共利益、自身或者他人的合法利益免受更大的损害，在不得已的情况下而采取的致自身或他人少量损失的行为。与正当防卫一样，紧急避险也是一种合法行为，可以作为免责事由。同样，避险行为不能超过必要的限度，否则将承担适当的民事责任。

许芳驾驶电动车行驶在马路上，突然，孩童小磊横穿马路，为了避免撞倒小磊，许芳急忙用脚将他踢开了，小磊虽摔倒在地，但并未受伤。这时，小磊的奶奶邓淑芬恰巧赶来，看到小磊被踢倒，邓奶奶突发心脏病，当即死亡。邓奶奶的家属以邓奶奶的死亡是由许芳所致为由，向人民法院提起诉讼，要求许芳为此承担责任。

请问，许芳是否应承担赔偿责任？

在本案例中，邓淑芬是小磊的监护人，因为她疏于照顾致使小磊横穿马路，许芳驾驶电动车在即将撞到小磊时迅速用脚将他踢开，小磊并未受伤。许芳踢倒小磊是为了避免撞上小磊，以免其受到更大的损伤，其行为属于紧急避险，再加上小磊没有任何损伤，所以许芳对小磊的倒地不需要承担赔偿责任。

至于邓淑芬的死亡，是邓淑芬误以为小磊受伤而心脏病发作所导致，与许芳的紧急避险行为无关。因此，许芳不需要为邓淑芬的死亡承担责任。

法典在线

《中华人民共和国民法典》第一百八十二条　因紧急避险造成损害的，由引起险情发生的人承担民事责任。

危险由自然原因引起的，紧急避险人不承担民事责任，可以给予适当补偿。

紧急避险采取措施不当或者超过必要的限度，造成不应有的损害的，紧急避险人应当承担适当的民事责任。

新法亮点

本条延续了原民法通则第 129 条的规定，是对同一内容的重申与完善。紧急避险根源于两种合法权益不能同时兼顾时，牺牲较小者以保护较大者。在法律上，一般都遵循这样的原则：高度重视生命健康与人格尊严；优先关照社会公共利益；公序良俗、公共道德作为辅助判断标准。

因见义勇为受伤受益人可否给予补偿？

见义勇为，是指公民为了保护国家、社会或他人的利益，不顾自身安危制止违法犯罪行为，或参与抢险、救灾的一种行为。

在见义勇为的行为中自身受到损害的，可以请求补偿，这种请求权被称为见义勇为受害人的特别请求权。

见义勇为受害人的特别请求权包含2个内容：

（1）对侵权人的侵权损害赔偿责任请求权，即要求侵权人承担见义勇为受害人的赔偿责任。

（2）对受益人的适当补偿请求权。包括两种情况：一是受益人在侵权人承担赔偿责任后，也可以给予见义勇为受害人适当补偿。二是在无侵权人、侵权人逃逸或者无力承担民事责任时，受益人应当给予见义勇为受害人适当补偿。

精彩案例

王小强在回家时碰上了一起交通事故。石小波与张诗秀二人开车相撞，石小波被压于张诗秀的汽车底下，王小强看到后上前帮忙将石小波从车底拉出来。可是，由于用力过猛，王小强受了伤。后来，交警大队认定，张诗秀对这起事故负全部责任，石小波不负责任。王小强认为自己的行为属于见义勇为，自己为了帮助他人而受伤，应该由侵权人承担责任，由受益人进行适当补偿。那么，王小强的要求是否合理？

小强说法

本案例涉及的是见义勇为受害人特别请求权的相关法律规定。

在本案例中，王小强看到石小波被压在张诗秀的汽车底下，他上前将其拉出属于见义勇为。王小强见义勇为的行为给自己造成了伤害。根据《民法典》的规定，因保护他人民事权益致自己受伤的，可以要求侵权人和受益人承担相应责任的。所以，王小强完全可以要求张诗秀赔偿自己的损失，同时他也可以向受益人石小波请求一定的补偿。

法典在线

《中华人民共和国民法典》第一百八十三条 因保护他人民事权益使自己受到损害的，由侵权人承担民事责任，受益人可以给予适当补偿。没有侵权人、侵权人逃逸或者无力承担民事责任，受害人请求补偿的，受益人应当给予适当补偿。

新法亮点

受益人是否对见义勇为者进行补偿，法条分别使用了"可以"和"应当"，"可以补偿"需考虑受益人的主观意愿，而"应当"一词强调了受益人补偿损失的强制性、义务性。这条规定进一步加强了对见义勇为者的权利保障，彰显了中华民族的传统美德，目的是提倡高尚道德，弘扬社会正能量。

8. 因救助行为而致使老人受伤的，需要承担责任吗？

善意救助人，是指在别人需要帮助时，给予好心帮助的人。《民法典》新增了对善意救助人免责的规定，即善意救助人在救助他人时，如果造成他人受损害，则不需要承担民事责任。

不过，善意救助人免责须具备以下要件：

（1）出于善意，不具有利己性。

（2）实施了救助行为。

（3）是因为救助行为造成了受救助者的损害。

某天，石小波走在马路上，见一位老奶奶晕倒在路边，于是跑上前快速背起老奶奶往医院赶去，但过程中，老奶奶的腿撞到了路缘石上，导致出现淤血。石小波将老奶奶送医后，老奶奶被救醒，但老奶奶非

但不感谢石小波，还因为腿部的淤血要求石小波赔偿医药费。石小波感到很委屈，因为自己救助老奶奶是好意，老奶奶的腿是着急救助她不小心弄伤的，医生已经表示并不严重，只是擦伤，几天就能痊愈。

请问，石小波需要赔偿老奶奶医药费吗？

小强说法

本案例涉及的是对善意救助人责任豁免的规定。

根据《民法典》的规定，如果是出于自愿、善意去救助他人，完全没有自己的私心，也没有任何目的性，那么就可以被认定为是善意救助人。如果善意救助人在实施紧急救助的过程中，使被救助人受到了损害，则不需要承担赔偿责任。如果善意救助人因救助行为而导致自己的人身、财产等权益受损，则有权根据《民法典》的规定向被救助人主张适当补偿。在本案例中，石小波看见老奶奶晕倒在路边，因为情况紧急，致使他作出了急忙背老奶奶的行为，老奶奶的腿因此擦伤，属于石小波的无心之举，可以被认定为是实施紧急救助而造成的受助人损害，因此，对于老奶奶的腿部擦伤，石小波不需要承担医药费。

法典在线

《中华人民共和国民法典》第一百八十四条　因自愿实施紧急救助行为造成受助人损害的，救助人不承担民事责任。

新法亮点

近些年，"扶老人"遭碰瓷的事件屡见不鲜，成了社会的一个热点问题。"扶不扶""帮不帮"一度成为人们讨论的焦点，人们受到了极大的良知和道德的考验，不扶、不帮，良心不安；扶、帮，有被讹的风险。为了弘扬助人为乐的中华传统美德，鼓励人们的救助积极性，《民法典》增加了此条善意救助人免责的条款。

9 侵害英雄烈士的荣誉是否要负法律责任?

在现实生活中,一些人歪曲事实,诽谤抹黑,恶意诋毁、侮辱英雄烈士的名誉、荣誉等,损害了社会公共利益。为了促进社会尊崇英烈,弘扬社会主义核心价值观,《民法典》明确规定,侵害英雄烈士等的姓名、肖像、名誉、荣誉,损害社会公共利益的,应当承担民事责任。

很多年前,在狼牙山战斗中,"狼牙山五壮士"英勇抗敌和舍生取义的伟大精神赢得中国人民的大力赞扬。

后来,某杂志社执行主编洪某发表《小学课本〈狼牙山五壮士〉有多处不实》一文,该文章通过各种方法,比如,援引不同时期的材料、相关当事者不同时期的言论，对"狼牙山五壮士"的行为提出质疑。"狼牙山五壮士"的后代向人民法院提起诉讼，要求洪某停止侵犯行为，公开道歉。

请问，其请求能否得到人民法院的支持？

小强说法

本案例的焦点是侵犯英雄烈士的荣誉是否要负法律责任。

在本案例中，涉案文章对"狼牙山五壮士"的行为并没有作出正面评价，而是通过各种方法对其行为提出质疑。虽然该文章没有采用明显侮辱性的语言，但通过强调一些无关重要的细节，引导读者对"狼牙山五壮士"的精神产生怀疑，否定基本事实的真实性，降低了英雄烈士的光辉形象和精神价值。洪某的这一行为不仅损害了英雄烈士的荣誉，也在一定范围和程度上伤害了中国人民的民族和历史情感。而且，由于"狼牙山五壮士"的精神价值已经内化为民族精神和社会公共利益的一部分，因此也损害了社会公共利益。

由于《民法典》明文规定禁止侵害英雄烈士的姓

名、肖像、名誉、荣誉，所以，洪某必须立即停止侵害英雄烈士的行为，公开发布赔礼道歉公告。

法典在线

《中华人民共和国民法典》第一百八十五条　侵害英雄烈士等的姓名、肖像、名誉、荣誉，损害社会公共利益的，应当承担民事责任。

新法亮点

《民法典》在本条特别规定英雄烈士人格权益的保护，有利于弘扬烈士精神，培养公民的爱国主义、集体主义精神和社会主义道德风尚，培育和践行社会主义核心价值观，增强中华民族的凝聚力。

掌控时效，
别让你的钱打水漂。

第
十
章

1 什么是诉讼时效？诉讼时效期间怎么计算？

诉讼时效又称消灭时效，是指权利人在权利受到侵害后，向人民法院提起诉讼、行使权利的有效时间。在具体案例审理中，计算诉讼时效期间起始之日是焦点问题。诉讼时效期间主要有3种：普通诉讼时效、特别诉讼时效、最长诉讼时效。

精彩案例

王小东在百佳超市购买了10瓶茅台。存放了约半年后，一次聚会，王小东拿出来和亲朋好友品尝，结果发现味道不对。于是，王小东将茅台送到市质量技术监督局进行鉴定，结果发现其购买的茅台系假冒伪劣商品。这时，王小东才知道自己的权益受到侵害，而此时距他购买茅台酒已经过去了大半年。之后，王小东曾几次找到百佳超市要求归还自己所付的钱款，可是都遭到了拒绝，王小东只能不了了之。王小强后来听说了此事，建议他通过法律手段保护自己的权益。于是，王小东向人民法院提起诉讼，要求百佳公司承担赔偿责任，但是，此时距他购买茅台酒已经过去了3年。

请问，此案是否超过了诉讼时效？

小强说法

本案例涉及的是诉讼时效的相关法律问题。

根据《民法典》的规定，受害人向人民法院请求保护民事权利的诉讼时效期间为3年，那么王小东购买茅台酒已经过去了3年，是否已经超过了诉讼时效呢？其实，诉讼时效期间不是从王小东购买茅台酒的时间开始计算的，而是从他知道权利受到损害之日起计算。也就是说，是从他得知市质量技术监督局的鉴定结果计算的，由此来看，其诉讼时效期间并未超过3年，因此，王小东完全可以向人民法院提起诉讼，要求对方给予合理赔偿。

法典在线

《中华人民共和国民法典》第一百八十八条　向人民法院请求保护民事权利的诉讼时效期间为三年。法律另有规定的，依照其规定。

诉讼时效期间自权利人知道或者应当知道权利受到损害以及义务人之日起计算。法律另有规定的，依照其规定。但是，自权利受到损害之日起超过二十年的，人民法院不予保护，有特殊情况的，人民法院可以根据权利人的申请决定延长。

新法亮点

本条将原民法通则的诉讼时效期间增加了1年，缓和了因诉讼时效制度产生的严重后果，维护了债权人的权益，是较为合理的立法决策。

民事诉讼的诉讼时效为3年。

2. 遭受性侵害的未成年人的诉讼时效期间如何计算？

对于未成年人遭受性侵害的案件，如果按照"自权利人知道或者应当知道权利受到损害以及义务人之日起计算"，那么，未成年可能会因为侵害人的恐吓、威胁或性格等原因而闭口不言，隐瞒遭受性侵害的事实，最终导致超过诉讼时效而使其权利丧失法律保护。鉴于此，《民法典》对未成年人遭受性侵害的损害赔偿请求权的诉讼时效期间的起算时间作了特别规定，即自受害人年满18周岁之日起计算。

精彩案例

王小东的妻子青阳第一个孩子流产3年后，又怀孕生了一个女儿，王小东将女儿思思视作掌上明珠，十分疼爱。思思16岁时，遭到邻居王海的性侵，当时，思思很害怕，没有告诉父母。20岁时，她才将当年之事和盘托出，但王小东和妻子青阳不知道过了这么多年，是否能起诉王海。王小强认为，思思完全可以依法向王海请求损害赔偿。于是，思思将王海起诉至人民法院，要求他为自己的行为负法律责任。

请问，思思事隔5年才提出损害赔偿是否超过了诉讼时效？

小强说法

本案例的焦点是遭遇性侵的未成年人在超过诉讼期限后是否还可以要求侵权人承担法律责任。

这是一起性侵未成年人的案件，它不仅涉及刑事犯罪，也涉及民事侵权，侵犯的是未成人的身体权、健康权等民事权益。《民法典》规定自然人的身体权、健康权等民事权益受法律保护，侵权人造成他人权益受损时必须承担民事赔偿责任。与此同时，由于性侵未成年人使其精神受到严重伤害，受害者可以向侵权人要求精神损害赔偿。在本案例中，王海对思思实施了性侵害，造成其身体、健康、精神遭受损害，应当承担赔偿责任。

《民法典》规定未成年人遭受性侵害的损害赔偿

请求权的诉讼时效期间是从受害人年满18周岁之日起计算的。同时，《民法典》又规定了向人民法院提起诉讼的时效期间为3年。也就是说，20岁的思思在此时完全可以向人民法院提出诉讼请求，此时并没有超出诉讼时效期间。当然，如果思思21岁以后再向人民法院提起诉讼则属于超过了诉讼时效期间。

法典在线

《中华人民共和国民法典》第一百九十一条　未成年人遭受性侵害的损害赔偿请求权的诉讼时效期间，自受害人年满十八周岁之日起计算。

《中华人民共和国民法典》第一千零三条　自然人享有身体权。自然人的身体完整和行动自由受法律保护。任何组织或者个人不得侵害他人的身体权。

《中华人民共和国民法典》第一千零四条　自然人享有健康权。自然人的身心健康受法律保护。任何组织或者个人不得侵害他人的健康权。

《中华人民共和国民法典》第一千一百八十三条　侵害自然人人身权益造成严重精神损害的，被侵权人有权请求精神损害赔偿。

因故意或者重大过失侵害自然人具有人身意义的特定物造成严重精神损害的，被侵权人有权请求精神损害赔偿。

　　此条是新增条款，它有利于更好地保护未成年人。在受害人成年前，难以判断其遭受的损害程度。依据本条规定，受害人在成年之后仍有权请求行为人承担侵权赔偿责任。赔偿范围既包括财产损害赔偿，也包括精神损害赔偿。当然，受害人在成年前，可以由其法定代理人代为提起诉讼，行使损害赔偿请求权。如果受害人成年后，对法定代理人的处理不满意，还可以再次主张其请求权。

　　但是，需要注意的一点是，我国就未成年人遭受性侵害的损害赔偿请求权并没有规定特殊的诉讼时效期间，其仍然适用《民法典》规定的 3 年普通诉讼时效期间。因此，自受害人年满 18 周岁之日起，计算 3 年，时效届满。此外，符合诉讼时效中止、中断的情形的，也可以发生中止、中断的效力。

3 什么是诉讼时效中止？在哪些情况下，诉讼时效中止？

诉讼时效中止，是指在诉讼时效期间的最后 6 个月内，因法定障碍事由的存在而停止诉讼时效的计算，待法定障碍事由消除后，再继续计算诉讼时效的诉讼时效制度。

诉讼时效中止的法定障碍事由包括 5 个方面：

（1）不可抗力。即不能预见、不能避免且不能克服的客观情况，如洪水、地震或战争、疫情暴发等。

（2）无民事行为能力人或者限制民事行为能力人没有法定代理人，或者法定代理人死亡、丧失代理权、丧失民事行为能力。无民事行为能力人或者限制民事行为能力人没有法定代理人将无法正常行使诉讼请求权，所以此项可以作为诉讼时效中止的事由。

（3）继承开始后未确定继承人或者遗产管理人。在不能确定继承法律关系的主体的情况下，是无法进行继承诉讼事宜的。

（4）权利人被义务人或者其他人控制。即权利人被限制人身自由后，将难以行使权利。

（5）其他导致权利人不能行使请求权的障碍。

精彩**案例**

青阳的弟弟青峰因砍伐林木与王祥发生口角，王祥对青峰拳打脚踢，致使青峰额头、眼睛和嘴唇多处受伤。第二天，青峰到派出所报告被打的案情，结果被公安机关以滥伐林木罪拘留，后经法院判处有期徒刑两年。两年后，青峰刑满释放。因为当年王祥的殴打，青峰的眼睛留下了残疾。于是，青峰出狱半年后，向人民法院提起诉讼，要求王祥赔偿自己的人身损失，但此时距离二人发生争执已经超过了3年，已过诉讼时效。但青峰认为，自己的情况符合诉讼时效中止的规定。那么，服刑是否构成诉讼时效中止的事由呢？人民法院会支持青峰的诉讼请求吗？

小强说法

本案例的焦点是当事人由于服刑，在案发3年之后才向人民法院提出民事赔偿诉讼是否能得到人民法院的支持。

　　根据监狱法的规定，罪犯的人格不受侮辱，其人身安全、合法财产和辩护、申诉、控告、检举以及其他未被依法剥夺或者限制的权利不受侵犯。而且法律明确规定，民事主体可以通过代理人实施民事法律行为。所以，在青峰服刑期间，虽然他被剥夺了人身自由权利，但依然具有民事权利，可以依法行使自己的民事诉讼权。也就是说，青峰可以委托第三人代为进行诉讼，要求王祥承担赔偿责任。

　　根据《民法典》规定，在诉讼时效期间的6个月内，因不可抗力或者其他障碍不能行使请求权的，诉讼时效中止。而服刑不属于"不可抗力或者其他障碍不能行使请求权"的诉讼时效中止的法定事由，不影响诉讼时效的计算。因此，青峰的案件不适用诉讼时效中止的规定，鉴于诉讼时效已经届满，青峰的诉讼请求人民法院将不予支持。

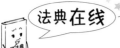

法典在线

　　《中华人民共和国民法典》第一百九十四条　在

诉讼时效期间的最后六个月内，因下列障碍，不能行使请求权的，诉讼时效中止：

（一）不可抗力；

（二）无民事行为能力人或者限制民事行为能力人没有法定代理人，或者法定代理人死亡、丧失民事行为能力、丧失代理权；

（三）继承开始后未确定继承人或者遗产管理人；

（四）权利人被义务人或者其他人控制；

（五）其他导致权利人不能行使请求权的障碍。

自中止时效的原因消除之日起满六个月，诉讼时效期间届满。

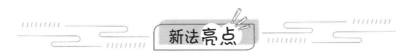

新法亮点

原民法通则规定，中止事由消除后，时效期间继续计算，与中止前已经过的时效期间合并，计入总的时效期间。但是，《民法典》的规定与原民法通则不同，其规定的是自中止时效的事由消除之日期满 6 个月，诉讼时效期间届满。也就是说，只要在诉讼时效期间的最后 6 个月内出现中止时效的事由，就一律在中止时效的事由消除之日起再加上 6 个月，诉讼时效期间就届满。这是一个比较重大的决定，这样的规定更有利于保护请求权人的合法权益。

4 什么是诉讼时效中断？在哪些情形下，诉讼时效中断？

诉讼时效中断，是指在诉讼时效期间进行中，因发生一定的法定事由，使已经经过的时效期间全部归于无效，待诉讼时效中断事由终结后，诉讼时效期间重新起算。

时效中止和时效中断可以从以下3点来区分：

（1）时效中止的发生是由地震、战争等客观情况引起的，而时效中断的发生则是由当事人的行为引起的。

（2）时效中止前的时效期间依然有效，而中断以前的时效期间为无效，诉讼时效期间重新计算。

（3）时效中止须在诉讼时效期间的最后6个月内，而时效中断没有时间限制，可以发生在时效期间的任一阶段。

李兵因为投资饭店需要，向青阳借款20万元，双方签订了借条。借条载明：李兵于2015年3月2日向青阳借款20万元人民币，李兵需于2017年12月30日之前还清借款。但李兵的饭店开业后，生意每况愈下，维持了两年就关门了。此时，李兵已经负债累累，根本无力偿还青阳的20万元。2018年—2020年，青阳多次找到李兵，并给李兵发了多条催款短信，要求返还借款，但都无果。2021年1月，青阳到人民法院起诉李兵，要求归还欠款。

请问，在诉讼时效已经届满的情况下，青阳能要回欠款吗？

《民法典》规定了在一般情况下受害者向人民法院请求保护民事权利的诉讼有效期为3年。在本案例中，青阳和李兵签订的借条载明，还款期限为2017年12月30日，也就是说，此案的诉讼时效应该从此日

开始计算。可是，青阳到了 2021 年 1 月才起诉李兵，要求归还此笔借款，2017 年 12 月 30 日到 2021 年 1 月，时间已超过 3 年，诉讼时效期间届满。按照法律规定，青阳的诉讼请求将被人民法院驳回，即无法通过法院判决要回剩余欠款。那么，此案件能否适用诉讼时效中断的法律规定呢？

《民法典》规定了诉讼时效中断的情形，其中包括"权利人向义务人提出履行请求"。在本案例中，从 2018 年—2020 年，青阳多次向债务人李兵主张债权，而且有催款短信可以证明，可以适用债权发生诉讼时效中断的法律规定，重新计算诉讼时效期间。因此，青阳可以通过人民法院要回此笔欠款。

法典在线

《中华人民共和国民法典》第一百九十五条　有下列情形之一的，诉讼时效中断，从中断、有关程序终结时起，诉讼时效期间重新计算：

（一）权利人向义务人提出履行请求；

（二）义务人同意履行义务；

（三）权利人提起诉讼或者申请仲裁；

（四）与提起诉讼或者申请仲裁具有同等效力的其他情形。

追讨赡养费是否受诉讼时效限制？

诉讼时效的适用范围又称诉讼时效的客体，是指哪些权利适用诉讼时效制度。在《民法典》中并没有明确指出哪些权利适用诉讼时效制度，而是列举了不适用诉讼时效的一些情形。具体来看，主要有以下4点：

（1）请求停止侵害、排除妨碍、消除危险。侵害包括物权侵害、人格侵害等，因为侵害可能具有持续性，所以不受诉讼时效的限制。

（2）不动产物权和登记的动产物权的权利人请求返还财产。鉴于不动产和登记的动产都属于所有权，因为价值较大，所以不受诉讼时效的限制。

（3）请求支付抚养费、赡养费或者扶养费。属于维系父母、夫妻等身份关系的请求权，具有一定的社会意义，所以不受诉讼时效的限制。

（4）依法不适用诉讼时效的其他请求权。

精彩案例

王小强的邻居赵大伯现年65岁，老伴已过世，孤身一人居住，生育2个儿子均已成年。最近，赵大伯因身患重病住院花去5万元，平时积蓄所剩不多，而且其生活不能自理，需要有人照顾。可是，当他对2个儿子提出赡养请求时却遭拒绝。赵大伯找到王小强诉苦，王小强建议他通过法律手段向儿子追讨赡养费。

请问，追讨赡养费是否受诉讼时效的限制？

小强说法

本案例的焦点是赵大伯在年老多病又没有生活能力时提出要求儿子承担赡养费是否合理，他向儿子追讨赡养费是不是可以随时提出。

《民法典》规定成年子女对父母负有赡养、扶助和保护的义务。如果成年子女不履行赡养义务，没有劳动能力或者生活困难的父母有要求成年子女支付赡养费的权利。所以，赵大伯在自己体弱多病没有生活能力时向儿子追讨赡养费是合理合法的，应该受到法律的保护。

那么，老人是否可以随时向子女追讨赡养费，还是要受到诉讼时效的限制呢？

《民法典》规定了请求权不适用诉讼时效的情形，向子女追讨赡养费就是其中的一种情形。也就是说，年事已高且没有生活能力的老人可以随时向子女追讨赡养费，而且不受任何时间限制。

法典在线

《中华人民共和国民法典》第二十六条　父母对未成年子女负有抚养、教育和保护的义务。

成年子女对父母负有赡养、扶助和保护的义务。

《中华人民共和国民法典》第一百九十六条　下列请求权不适用诉讼时效的规定：

（一）请求停止侵害、排除妨碍、消除危险；

（二）不动产物权和登记的动产物权的权利人请求返还财产；

（三）请求支付抚养费、赡养费或者扶养费；

（四）依法不适用诉讼时效的其他请求权。

《中华人民共和国民法典》第一千零六十七条　父母不履行抚养义务的，未成年子女或者不能独立生活的成年子女，有要求父母给付抚养费的权利。

成年子女不履行赡养义务的，缺乏劳动能力或者生活困难的父母，有要求成年子女给付赡养费的权利。

新法亮点

原民法通则没有规定哪些情形不适用诉讼时效制度。《民法典》对于适用诉讼时效制度进行了大幅度的调整，将请求支付抚养费、赡养费或者扶养费列入不适用诉讼时效的规定。但需要注意的是，虽然要求支付抚养费、赡养费等不受诉讼时效制度限制，但仍应当积极行使权利，否则可能会因时过境迁举证困难导致权利丧失。